AF589911

(par J.-Abel Longueval
d'après Barbier)-

CONSIDÉRATIONS

SUR

LA NEUTRALITÉ MARITIME,

ARMÉE OU NON ARMÉE.

» *Non illi imperium Pelagi*.................. »
VIRGIL. Æneid. lib. I.

A PARIS,

Chez
DEBRAY, palais du Tribunat, N°. 235, ou à son dépôt, place du Muséum, N°. 9.
ANT. BAILLEUL, rue Grange-Batelière, N°. 3.

AN 9. (1801.)

INTRODUCTION.

CETTE grande question si souvent agitée parmi nous, en corps législatif et dans les tribunaux, discutée récemment à coups de canon sur la Baltique, et maintenant traitée dans le cabinet des puissances, avec des argumens plus doux, jusqu'à nouvel ordre, la neutralité maritime est un point de droit public où se rattachent, par un lien commun, tous les intérêts de l'Europe; c'est le pivot sur lequel roule notre commerce extérieur durant la guerre; c'est l'arme innocente avec laquelle on peut tuer, quand on le voudra bien, la tyrannie anglaise; enfin c'est le *medium* heureux qui manquait seul aux rêves pacifiques d'un homme de bien, pour que de ces rêves il en sortît véritablement un caducée perpétuel.

Honneur à ceux qui, de la Néva aux colonnes d'Hercule, dirigent le mouvement combiné des affaires publiques! Non, la neutralité ne sera point un leure qui aurait déçu les plus belles espérances. Après avoir obtenu déjà un début si glorieux, la ligue du Nord prend aujourd'hui le caractère décidé qui convient à l'importance des résultats qu'elle a droit de se promettre.

C'est donc en ce moment que j'ai cru pouvoir publier un petit ouvrage composé, il y a quelques années, sur le sujet de la neutralité dont la Russie, en 1780, eut le courage de signifier les droits à toutes les puissances européennes. Les circonstances alors étaient un peu différentes; et l'on voudra bien se reporter à l'époque où l'auteur écrivait, pour expliquer tel morceau de l'ouvrage que je publie, qui paraîtrait moins conforme aux dispositions actuelles de certains cabinets. On aime à rapprocher les intervalles de l'histoire, et toutes ces différences que le tems amène dans l'opinion, lorsqu'il s'agit d'apprécier des évènemens qui devaient tendre au même but, malgré les intérêts particuliers auxquels on a vu céder presque toujours la sainteté de l'intérêt public.

L'ouvrage que j'annonce est l'extrait d'un mémoire qu'un homme autrefois employé dans une cour du Nord, feu le respectable *P......on*, m'avait communiqué pendant que je partageais sa triste existence à Versailles. J'ai su depuis que *Favier* avait rédigé, dans le tems un mémoire au sujet de la neutralité de 1780. J'exprimais, il y a quelques jours, chez un libraire, le regret de n'avoir pu me procurer cette pièce qui m'avait été fort vantée. Or, comme je venais de donner là quelque idée de mon manuscrit, on m'assura que je n'avais plus besoin de chercher le *Favier*; que mon mémoire était probablement une copie du sien; qu'on était fondé à le croire, d'après la connaissance qu'on avait de plusieurs mémoires qui proviennent de cet agent ministériel, et dont on ajouta que la publication se négociait actuellement. Sans vouloir examiner le degré de confiance dont cette assertion peut être susceptible, et sans pouvoir décider par moi-même si la pièce est ou n'est pas de *Favier*, je me borne à observer que c'est bien certainement à quelques égards une pièce confidentielle. Aussi l'intention de l'auteur, quel qu'il soit, ne sera pas trompée; les intérêts de la vérité ne seront point compromis. Je ne présenterai de cette pièce que les apperçus qu'on peut désirer d'en connaître.

Un journal estimable (1) a déja publié

---

(1) *Mercure de France du premier floréal an 9.*

l'*extrait* d'un *Mémoire* curieux *sur l'origine de la neutralité armée entre les puissances maritimes du Nord.* Le but de cet ouvrage et la nature de ses développemens n'ont rien de commun avec notre mémoire. C'est le coup-d'œil d'un observateur accrédité, sur les intrigues par lesquelles il semblerait qu'on a préludé à la déclaration de neutralité armée en 1780. On pourrait peut-être nommer cette pièce la relation des ruses infortunées d'un grand négociateur, le chevalier *Harris*, aujourd'hui lord *Malmesbury*, qui n'en est pas moins un homme fort distingué par ses talens. Dans son ambassade à Pétersbourg, ce négociateur avait tenté quatre fois inutilement d'indisposer la Russie contre la Prusse, et de causer par-là un embrâsement général en Europe. L'Angleterre voulait reprendre son jeu de 1756. Car on ne peut plus ignorer que les instructions du cabinet de Londres à ses ministres, envoyés sur le continent depuis un siècle, ont été presque toutes les mêmes, et qu'elles se réduisent à ce plan général : « Brouiller les cartes en Europe ; accuser per» pétuellement la France ; prétexter sans » cesse le repos général, la liberté du com» merce, les intérêts de la religion dans tous

» et chacun des manifestes britanniques; sti-» pendier les égorgeurs, les incendiaires, et, » qui pis est, les orateurs saltimbanques au sein » de la grande famille continentale, pendant » que les Anglais rassurés chez eux, tant sur » les dangers de leur métropole, que sur ceux » de leurs colonies, exerceront presque seuls » en mer un monopole, une tyrannie sans » bornes. »

Et c'est au nom du peuple anglais, du (1) *god natured people*, que ses indignes ministres osent concevoir de si abominables vues !

Fidèle à une partie de ces instructions, le chevalier *Harris* voulait bien brouiller la Russie avec la Prusse ; mais il échoua dans sa noble entreprise. Son intrigue tourna contre son pays ; et quoique l'auteur du *mémoire sur l'origine* assure que le chevalier trouva moyen de se venger de ses mécomptes, en faisant déclarer la guerre à la Hollande, il est des gens qui se croient fondés à lui disputer même cet avantage. Il paraît démontré que cette belle œuvre appartient au chevalier *Joseph York*, alors ambassadeur de Londres à la

(1) *Peuple d'un bon naturel* : c'est ainsi que se qualifie elle-même la nation anglaise.

Haye (1). Trente années de séjour dans cette résidence, des talens réels, unis à beaucoup de bonnes qualités, avaient procuré à sir *York* un parti puissant auprès des Etats-Généraux. Mais, au lieu de suivre l'impulsion de son caractère, il employa la politique insultante du cabinet de St.-James; il échoua contre la sagesse affable et persuasive de l'ambassadeur français. Le duc de *la Vauguyon* réduisit le chevalier *York* à ne savoir plus comment manœuvrer. Déconcerté à la Haye, comme son confrère *Harris* l'était à Pétersbourg, et ne pouvant rien gagner par la négociation, *Joseph York* eut recours à la voie des armes, et précipita la déclaration de guerre contre la Hollande.

Mais peu importe à présent, qui des deux ministres anglais fut l'auteur, en 1780, de la ruine de leur plus ancienne alliée.

Il me reste encore une observation à faire, au sujet du *Mémoire sur l'origine.* L'auteur prévient que ce mot *d'origine* se rapporte à la confédération armée pour la défense du droit des neutres, et non pas au droit lui-

(1) *Histoire raisonnée des opérations militaires et politiques de la dernière guerre ; par* M. Joly de St.-Vallier, 1783. *Liége*, 1 *vol.* in-8°.

même, qui est plus ancien que les Anglais ne le prétendent. Le droit plus ancien, très-certainement, puisqu'il est naturel; puisqu'il n'y a pas jusqu'à l'Angleterre qui, changeant de discours selon qu'elle est en guerre ou en paix, n'ait réclamé pour elle-même, en 1575, le droit des neutres (1). Quant à la neutralité armée, je la crois aussi plus ancienne que ne fait l'auteur, qui en fixe l'origine à l'année 1780. Il n'est pas le seul qui ait écrit que la neutralité armée parut alors un phénomène politique. Mais, sans rappeler ici plus d'une confédération de cette espèce qui aurait existé auparavant, aimons du moins à nous ressouvenir de cette mémorable époque de 1164, où l'on vit de simples municipes, indignés de la violence des pirates, accourir sous les murs de Brême pour jurer entr'eux une fédération de neutralité armée contre l'ennemi commun de la liberté de la mer. Cette fédération, appelée *Anse Teutonique*, pourrait fixer avec un intérêt particulier la première époque de ces sortes de conventions de neutralité. Le souvenir du généreux ser-

---

(1) *Théorie des traités de commerce entre les nations; par* M. Bouchaud. *Paris*, 1777, Duchène, 1 *vol.* in-12, *page* 254.

ment des villes Anséatiques n'est point perdu, sans doute, pour ces hommes du nord qui unissent la fierté belliqueuse et la franchise de leurs ancêtres à des lumières plus étendues, à des dispositions plus sages (1), à des vertus plus chères à leur pays, à leurs voisins, j'ai presque dit à l'humanité entière. Ils sentent bien toute la sublimité du rôle qui leur est dévolu ; et ce rôle n'est point au-dessus de leurs forces.

J'aurais à rendre graces au *Mercure* de m'avoir fourni l'occasion de fixer quelques idées sur la naissance de la neutralité, si le sujet par lui-même ne m'eût pas commandé ce genre d'exposé préliminaire. Du reste, c'est le sort du sujet en question de causer de

---

(1) Le lecteur ne sera pas fâché qu'on lui remette sous les yeux le précis de ces dispositions dans les conventions de neutralité armée qui, depuis vingt ans, occupent une si belle place dans l'histoire. On trouvera ces pièces à la suite de notre mémoire. Elles me paraissent bonnes à rapprocher ici, parce que le mémoire ne prête aux États qui ont voté la neutralité armée, que des raisons particulières et de circonstances, au lieu que les conventions qui sont comme l'esprit du système défensif des neutres, contiennent les motifs généraux dont un pareil système est fait pour tirer dans tous les tems sa force principale.

légères disputes. Voyez *Linguet* dans ses Annales (1). « M. *Vicq-d'Azir*, dit le cé-
» lèbre annaliste, en prononçant l'éloge de
» M. *de Vergennes*, a débité que son héros
» était l'auteur de la neutralité armée; qu'il
» y avait entraîné la Russie, et successive-
» ment les puissances maritimes du Nord.
» Rien n'est moins exact. M. *de Vergennes*
» a profité de cette spéculation ; elle ne vient
» pas de lui. A qui donc est-elle due ? A
» moi. La première idée s'en trouve dans le
» tome 6 des *Annales*, page64, où je faisais
» dire aux neutres (c'était au printems de
» 1779) : *Unissons-nous pour que le tri-*
» *dent de Neptune soit à l'avenir le sym-*
» *bole le plus sacré de la liberté ; jurons,*
» *au moindre attentat qui pourra le com-*
» *promettre, d'armer, pour sa conserva-*
» *tion, autant de vengeurs qu'il y aura*
» *de matelots dans l'Univers.* La Russie a
» réalisé mon idée, en l'appuyant de la pers-
» pective de 200,000 hommes de guerre, et
» de 30 vaisseaux de ligne. Je n'ai point ré-
» clamé contre une grande souveraine, qui,

---

(1) *Annales politiques, civiles et littéraires du* 18e. *siècle, par* M. Linguet, *tome* 15, *page* 197.

» en adoptant ma spéculation, ne m'en en-
» levait pas la propriété. Mais M. *de Ver-*
» *gennes*, qui n'y a eu aucune part, qui en
» a été le témoin, non le coopérateur, je ne
» veux pas qu'il en jouisse, et je reprends
» mon bien. »

Cependant, du principe connu de la neutralité, au désir de la défendre, il n'y avait pas si loin pour que ce désir ne pût pas venir de lui-même dans l'esprit des neutres, avant que personne leur en donnât le conseil. Ce ne sont pas les bonnes idées qui manquent toujours, quand on est fait pour en avoir; ce sont les moyens de mettre ces idées à exécution. L'historien de lord *North* a bien dit que la neutralité dont nous parlons, fut l'ouvrage de la politique du ministère français, qui avait su gagner le cabinet de Pétersbourg, en détournant par sa médiation une guerre prête à éclater entre la Russie et la Porte ottomane. Mais souvent, disait un *Noailles*, la politique est de trop dans le cabinet des princes, et ce n'est pas à cela que tiennent les évènemens. L'intérêt des neutres, le sentiment de leurs droits, les vexations tyranniques des Anglais, le commerce expirant sous leur monopole, tant d'outrages à-la-fois et tant de pertes sesaient assez comprendre aux puissances neutres qu'il ne leur était plus permis de rester, vis-à-vis de l'Angleterre, dans un état pacifique.

Les trois cours de Russie, de Danemarck et de Suède, n'avaient pas d'abord entendu de même le mode de leur défense commune. Mais le principe étant reconnu, l'on s'accorda bientôt sur les conséquences; et la Russie, au mois de mars 1780, publia sa résolution de neutralité armée. La France accueillit cette résolution avec beaucoup de joie, parce qu'indépendamment du bien général qui en résultait, la France y voyait pour elle des avantages. On ne peut pas nier que le concert des trois puissances n'en ait imposé aux Anglais, qui affectèrent depuis de la modération, et qui consentirent enfin au libre transport des munitions navales sous le pavillon neutre. Il ne faut pas tout-à-fait juger des résultats de cette ligue du Nord selon certaines vues du mémoire qu'on va lire; il faut encore moins s'en rapporter à tout ce que les Anglais en ont dit avec humeur, lorsqu'ils venaient de perdre l'Amérique. Deux perspectives pouvaient chagriner les politiques de Londres; la première, que les Etats-Unis, dont la puissance est née pour des accroissemens incalculables, parviendraient un jour à chasser les Anglais du nouveau continent ; la seconde, que le système de neutralité armée, soutenu comme il doit l'être, établirait sur les mers une puissance modératrice, devant laquelle tomberait l'orgueil britannique.

Un bon anglais ne saurait donc approuver le système défensif des neutres ; et lord *Sheffield* (1) avait ses raisons pour dire que le système de la neutralité armée serait aussi nuisible aux grandes puissances maritimes, que les États Barbaresques leur sont utiles, afin de contenir les petits États d'Italie. Les relations des États ne sont plus aujourd'hui les mêmes ; et fussent-elles encore aussi précaires que milord les voudrait, certes on ne voit pas la nécessité de tenir les États inférieurs tellement divisés, tellement faibles, que jamais ils ne puissent résister à l'oppression, ni secouer les chaînes honteuses que le cabinet de Saint-James, si nous le laissions faire, éten-

(1) *Observations sur le commerce des états d'Amérique, par* J. lord Sheffield (*traduites de l'anglais par* Mirabeau). *Paris, sous Londres*, 1788. Maradan, 1 *vol.* in-8°. *page* 236.

drait volontiers sur tous les peuples. Ce cabinet de Saint-James (1) est trop exclusif, trop jacobin. Si l'on écoutait encore *Sheffield*, il nous dirait que les Français ne se sont jamais montrés plus mauvais politiques que lorsqu'ils ont encouragé la dernière neutralité armée. Ce n'est pas-là ce qu'on disait dans les débats de Westminster ; et milord trahissait sa pensée. Mais que ne peut le dépit, joint à l'excès de l'orgueil national ! Est-ce que les Anglais nous prendraient encore dans leurs pièges ?

Quoi qu'ils en disent, croyons que la neutralité armée peut aujourd'hui venger l'Europe et valoir au continent une paix durable et glorieuse, une paix dont les avantages immenses sont de nature à être également partagés entre toutes les nations. « Peuples de » l'Europe, (s'écriait un de nos bons écrivains (2), dans une occasion moins favora-

---

(1) On sait que le nom anglais *Saint-James* signifie Saint-Jacques, d'où l'on a fait jacobin, ensuite jacobinisme : de-là, quelques personnes ont cru que les jacobins étaient venus de Londres, et que la maladie du jacobinisme est entrée en France par le Pas-de-Calais.

(2) *Histoire de la puissance navale de l'Angleterre*. (*Par* M. de Ste.-Croix.) *Iverdon*, 1782, 2 *vol.* in-12.

» ble) songez que le moment est arrivé où le
» commerce des deux hémisphères peut être
» libre ; ne le laissez pas échapper ; rentrez
» dans tous vos droits, la fortune vous y invite,
» votre intérêt l'exige ! »

Mon extrait de mémoire se trouve, ainsi que je l'ai promis en note, accompagné des trois actes solemnels des cours du Nord, qui font connaître leur système de neutralité. En rappelant ces actes, il m'a semblé que je pouvais y joindre les idées qui me sont venues à cette occasion. En thèse générale, je les crois justes et incontestables : quant à la pratique, les devoirs ne sont que relatifs et les obligations réciproques. Avec les loups, dit-on, il faut hurler. C'est du congrès qui va s'ouvrir à St.-Pétersbourg, que dépend la destinée des neutres, et la réformation du code maritime. Jusques-là il est encore tems de parler de la neutralité maritime comme d'une affaire à éclaircir, et qui n'est point décidée. La neutralité n'agit plus, à la vérité ; mais elle n'est pas désarmée, donc elle peut encore agir.

EXTRAIT *d'un* **MÉMOIRE** *non encore publié*, **SUR LA NEUTRALITÉ ARMÉE**, EN 1780 (1); *tiré du porte-feuille d'un ancien Agent ministériel.*

QUELS ont pu être les motifs des puissances contractantes dans la neutralité armée? Quels peuvent être les résultats de cette convention?

Pour répondre, autant qu'il est possible, à ces deux questions, il nous suffira de jeter un coup-d'œil sur la situation respective des puissances intéressées diversement dans la neutralité, savoir : la Russie, la Suède, le Danemarck, l'Angleterre, la Hollande, l'Espagne et la France.

Les choses doivent s'expliquer par l'intérêt de chaque puissance, par le système connu de son gouvernement, par la mesure de ses moyens et le degré de son influence.

(1) On voudra bien ne pas oublier que ce mémoire avait été rédigé au mois de janvier 1781.

§ Ier.

De la Russie.

Depuis *Pierre Ier.*, la Russie veut étendre son commerce hors de la Baltique, et obtenir une considération marquée dans les affaires générales de l'Europe : ce n'est pas un malheur. Les Russes admis à partager les intérêts de la grande famille augmenteront ses ressources et diminueront ses craintes.

Le commerce de la Russie n'a jamais été que passif. On a cherché le moyen de le rendre actif, et même réciproque. Le traité de Kaynardjy (1), du 21 juillet 1774, et les conven-

(1) Voir cette pièce intéressante dans l'*Abrégé de l'Histoire des traités de paix*, par M. *Koch*, tom. 4, p. 114. Qu'il me soit permis de faire une remarque à l'occasion de cet ouvrage. Un grand publiciste d'Angleterre, auteur d'un mémoire sur la neutralité maritime, envisagée comme question de droit (la traduction en est sous presse), *Jenkinson* avait publié dans sa langue un bon recueil des traités de paix et de commerce conclus par l'Angleterre depuis la paix de Westphalie. Un ouvrage du même genre nous manquait. MM. *Koch* et *Anquetil* se sont chargés de remplir cette lacune, et parcourant la même période, ils nous ont donné, à-peu-près sur le même sujet, deux ouvrages classiques bien supérieurs à l'ouvrage anglais. Ce n'est pas une simple collection de traités que nos

tions subséquentes, manifestaient la politique de *Catherine*. Mais il y avait à surmonter beaucoup d'obstacles. Les disproportions de l'état social, parmi les Russes, étaient le plus grand. Un pays qui manque de tiers-état, de peuple proprement dit, manquera de citoyens; par tant, point d'armateurs, point de négocians, point de matelots. Après la levée des soldats pour le service de terre, le paysan qui reste au gîte n'en est que plus précieux à son maître pour l'agriculture; et jamais peut-être il ne connaîtrait la Baltique, sans les ordres souverains qui viennent l'arracher du fond des terres, pour l'entraîner au rivage, et le forcer de prendre un métier qu'il abhorre.

Le commerce de la mer Caspienne a bien été affranchi par *Catherine*, du monopole des Arméniens, des Persans, des Anglais, qui

---

savans compatriotes ont publiée; c'est une exposition méthodique et approfondie des évènemens qui depuis le traité de Westphalie, ont caractérisé la situation relative et le système de chacune des puissances européanes. C'est un cours d'études pour la négociation qui représente les effets dans leurs causes, et qui montre la fortune des états dans les motifs et dans les divers intérêts qui commencent, qui prolongent, qui terminent les révolutions de la guerre et de la paix. (*Note de l'éditeur.*)

tour-à-tour avaient abusé cruellement de l'ignorance des Russes. Mais le commerce du Levant, entrepris par la Mer-Noire, n'avait encore produit que des dépenses inutiles. On fut malheureux dans les premiers essais, parce que les Russes n'y étaient point assez préparés. Le gouvernement doit-il confier ses intérêts à des étrangers ? Ceux-ci voleraient plus adroitement. A des Anglais ? Ils feraient leurs affaires et celles de leur nation avec les fonds de la Russie. Le refus du privilége qu'ils demandaient à Kinburn, prouve qu'on a su pénétrer leurs vues.

Liberté, concurrence, voilà ce qui garantit les avantages du commerce, et le cabinet de St.-Pétersbourg tient sagement à ce principe. S'il ne peut se dispenser de recourir aux étrangers, il doit se rappeler que *Pierre-le-Grand* ne voyait pas de pays en Europe dont les liaisons dussent être plus avantageuses à son empire, que la France, par la position géographique des deux états, et par la convenance du besoin réciproque de leurs productions.

Outre les avantages que lui promet le commerce de la Mer-Noire, la France a intérêt de ménager la Russie pour ses munitions navales (1), et pour son influence dans le Nord de l'Allemagne.

La Russie a bien su se prévaloir de cette considération, pour presser le ministère français de la servir puissamment auprès de la Porte. A la faveur de nos bons offices, qui ne lui furent point épargnés, déja *Catherine* espérait de consommer la soumission de la Crimée ; déja elle voyait s'élever Kerson sur la rive du Borysthène ; déja elle comptait que ses vaisseaux auraient la liberté de venir mouiller, pour ainsi dire, devant la porte du sérail et presque sous les kiosques du sultan.

Les projets de *Catherine*, secondés par le zèle de la France, étaient plus vastes que ses moyens. La Russie n'eût-elle que le simulacre d'un commerce et d'une marine natio-

(1) La Russie, en effet, produit beaucoup de fer et de cuivre. Les mines de fer sont partagées entre les particuliers. Celles de cuivre sont réservées à la couronne qui en possède des magasins immenses. C'est pour elle un gage constant de la valeur représentative de 270 millions. Dans le cours de la dernière guerre, *Catherine* avait émis pour 54 millions de roubles en papier-monnaie qui circula toujours au pair dans ses Etats, vu le gage assuré de cette valeur fictive dans les magasins de l'Impératrice. (*Note de l'auteur.*)

nale, y gagnerait beaucoup ; elle aurait l'air d'y gagner bien davantage : elle partagerait dans les bénéfices de ses voisins, sous le passeport du pavillon russe ; elle en imposerait au Turc, et en obtiendrait, par la terreur, tout ce qu'elle voudrait.

Il n'est pas douteux que le commerce de la Russie, devenant actif, pourrait fournir à la France des munitions navales dans le cours même de la plus longue guerre. Mais, pour cela, il lui faudrait des escadres dans l'Océan. Elle n'aurait pas seulement Brest et Rochefort à pourvoir ; Toulon appellerait encore ses services. Delà le besoin d'avoir aussi une flotte et des navires dans la Méditerranée. En tenant à ce dessein, on ravit à la Hollande une portion de son commerce d'économie. Les Russes ne peuvent pas de sitôt remplacer les Hollandais ; et si la vanité ne l'emporte point sur la bonne politique, il ne serait pas utile à la Russie de sacrifier ces honnêtes chalands qui venaient lui payer ses munitions pour les vendre à la France et à l'Espagne (1).

(1) Ces honnêtes chalands, qu'un écrivain célèbre appelait des entremetteurs inofficieux, étaient non-seule-

On prétend que le collége du commerce à St.-Pétersbourg, dévoué par principes à l'Angleterre, engage l'Impératrice à chercher des ennemis à la Hollande : Je le crois. Cependant l'Angleterre gêne beaucoup plus ; et *Catherine* se plaint hautement de cette puissance. Le bruit se répand même que l'Impératrice aurait offert à *Georges III* de lui fournir vingt vaisseaux de ligne armés et équipés, à condition que *Georges*, après la paix, fournirait, à son tour, 20,000 matelots an service de la Russie et de son commerce maritime. *Georges* a refusé, comme de raison, parce qu'indépendamment de l'intérêt public et commercial de sa nation, il ne pouvait pas accorder ce que les lois et la constitution de la Grande-Bretagne ne laissent point en son pouvoir. C'est-là, dit-on, pourquoi l'Impératrice, offensée du refus,

---

ment les Hollandais, mais bien aussi les Anglais, par qui tous les bénéfices de ce commerce étaient absorbés. Les Russes y auraient plus gagné, s'ils avaient traité avec nous directement comme avec leurs meilleurs amis. Et ce n'était pas-là une affaire de vanité. Etait-ce donc une si bonne politique à la Russie de préférer aux sages leçons de *Pierre-le-Grand*, les suggestions des marchands anglais, et quelques avantages personnels du moment au bien général de la nation russe? *(Note de l'éditeur.)*

aurait proposé la neutralité armée contre l'Angleterre.

Quoi qu'il en soit de cette anecdote, à laquelle je ne m'arrête point, le commerce de la Russie est troublé, son pavillon insulté, le plus généreux et le plus fidèle de ses Alliés manque de munitions navales ; c'en était assez. Au mois de mars 1780, l'Impératrice déclare sa résolution de neutralité armée aux cours de Madrid, de Versailles et de Londres.

Mais que produira cette noble attitude ? Les États du Nord se joindront à la Russie. Mais seront-ils assez tôt capables de se montrer ? Le cul-de-sac du golfe de Finlande est pris jusqu'au mois de mai, et la débâcle de la Néva, à St.-Pétersbourg et à Cronstadt, ne commence guères avant le 7 ou le 8 du même mois. Or, la Suède et le Danemarck ne sortiront point avant que la Russie ne fasse le chef de file (1). Si la Russie voulait agir effi-

---

(1) On sait que dans la neutralité actuelle le Danemarck n'a pas attendu ses Alliés. Les Danois seuls ont osé faire tête à l'orage le 2 avril 1801, et se placer aux premiers rangs des puissances maritimes. Ainsi des chefs pleins de prudence et de courage assurent toujours la gloire des peuples. (*Note de l'éditeur.*)

cacement, elle ne menacerait pas de loin. Or, elle ne peut agir avant le mois de juin 1781.

Cependant nous venons de voir qu'elle a expédié trois divisions navales pour protéger, dans les deux mers, le commerce et la navigation. Deux de ces divisions ont été aux Dunes visiter les Anglais qui ont très-bien accueilli les Russes, en faveur des roubles qu'ils avaient à dépenser. Cela était tout naturel et assez juste. . . . . . Ensuite ces divisions prennent pour hivernage les stations de Lisbonne et de Livourne, pour en imposer au pavillon turc, et pour favoriser le succès de la négociation de *Stachiew* (1) auprès de la Porte.

La troisième division a passé le Sund par forme de promenade, et la voilà rentrée dans ses ports.

---

(1) Cette négociation avait pour objet de rétablir dans la Crimée le Kan *Sahin-Gueray*, que la Porte en avait chassé; de confirmer l'indépendance des Tatars, avec les droits que le traité de Kaynardjy donnait aux Russes pour la navigation libre et illimitée de leurs vaisseaux dans les mers de Turquie. M. de *Stachiew*, aidé par notre ambassadeur *Saint-Priest*, obtint sur tout cela ce qu'il voulait; et ce fut le sujet de la convention explicative signée à Constantinople, le 21 mars 1779. (*Note de l'Editeur.*)

Quand verrons-nous cette flotte remise en mer ? Je ne sais. La politique de Londres est si active ! Elle a tant de moyens de corrompre les bonnes intentions de nos Alliés ! Puisse du moins la neutralité armée ou désarmée tourner en médiation ! Mais connaissons les dispositions des autres puissances.

§ II.

De la Suède.

Parvenu au trône à travers bien des dangers, *Gustave III* ne pouvait s'y maintenir que par sa prudence. L'état pitoyable où il avait trouvé la Suède, ne lui permettait pas d'en exposer la fortune encore mal affermie. Il tenait alors au besoin de la paix, tant par son caractère que par nécessité ; quoiqu'après avoir changé la constitution et s'être emparé de l'autorité, il eût paru justifier cet acte illégal par une sanction légale.

Gustave désirait que ses armateurs pussent continuer le cabotage de la France dans toute la Méditerranée comme dans le Levant. Il devait quelque reconnaissance aux Français (1) ;

---

(1) La marine de France avait agi dans l'Archipel, pour détourner la Russie de ses projets de guerre contre la Suède. (*Note de l'éditeur.*)

mais il ne voulait point se brouiller avec les Anglais, ni les écarter de ses ports; quoique le *produit-placard* de la Suède ne permette point aux étrangers de faire dans ses ports le commerce d'économie : c'est l'acte de navigation de *Cromwel* adapté aux besoins de la marine suédoise.

Stockolm est presque sous la dépendance de St.-Pétersbourg, et la Suède est grandement intéressée à ménager la Russie. *Catherine*, en proposant à *Gustave* la neutralité, ne pouvait pas être refusée. On a pourtant lieu de croire que ce prince n'y avait consenti que d'après l'assurance qui lui fut donnée que cette comédie politique ne tirerait point à conséquence (1); qu'elle se bornerait à de simples démonstrations, à des croisières innocentes, à un exercice utile des marins de la Suède.

Mais, quoique la cour de Stockolm ait voulu tenir une conduite passive, et qu'en effet sa conduite n'ait pas été du tout nuisible aux Anglais, soit avant, soit depuis la neutra-

---

(1) Ce n'aurait pas été du nom frivole de comédie qu'on eût appelé la neutralité de 1780, si des circonstances critiques de toutes parts n'eussent point empêché le drame d'arriver à son dénouement. (*Note de l'éditeur.*)

lité, le pavillon suédois n'en a pas été mieux traité par l'Angleterre ; la jurisprudence du brigandage absolvait devant l'amirauté anglaise toute capture de navire suédois, sous le prétexte habituel de propriété francaise ou espagnole simulée, de destination à l'ennemi, de collusion frauduleuse au mépris du droit des gens. Depuis long-tems il n'était plus question de distinguer la contrebande de guerre. Cette qualification s'appliquait impunément par l'Angleterre à tout ce que ses vaisseaux rencontraient de riches captures : Ensorte que la France, qui ne put tirer aucun parti de la Suède dans le cours de la neutralité, eût véritablement perdu ce qu'elle aurait pu employer à cet effet d'éloquence muette, en lettres-de-change, puisque toute l'impression que fit sur les tyrans des mers l'adjonction de la Suède à la neutralité, fut de leur donner un nouveau prétexte pour insulter par-tout son pavillon.

§. III.

Du Danemarck.

Une administration sage qui, sous le pouvoir absolu, entretient l'amour de la patrie, et conserve encore la liberté, un commerce prospère, des finances en bon état, une marine respectable, et 8000 matelots casernés habituellement à Copenhague, toujours aux ordres du gouvernement pour tous les services de mer, pouvaient bien faire du Danemarck un défenseur actif de la neutralité. Mais cette puissance, dont le système prudent n'envisage dans toutes ses relations que le commerce, éprouvait, ainsi que la Suede, le besoin de ménager la Russie, et de se maintenir en paix. Ce n'est pas qu'elle n'eût désiré aussi de se voir à même de partager avec les Hollandais le commerce d'économie et le cabotage de l'Europe ; mais le Danemarck était vis-à-vis de l'Angleterre dans une position critique, et la reine-douairière avait tout à perdre en se brouillant avec les Anglais.

Julie-Marie gouvernait. On sait par quels moyens elle s'était emparée de la suprême autorité. *Georges III* pouvait lui disputer la régence et la tutelle du prince-royal, en sa qualité d'oncle et de protecteur naturel du pupille. Une fois mécontens de *Julie-Marie* les Anglais pouraient lui susciter chez elle une révolution, lui préparer la même destinée qu'elle a fait subir à *Caroline-Mathilde*, précipiter sa chute du trône ; et sa chute ferait sa condamnation.

Il est donc évident que le Danemarck, en pareil cas, ne peut être que spectateur bénévole de la querelle. On dit qu'il a promis à la neutralité 20 vaisseaux ; il ne les donnera point, parce que l'Angleterre ne lui permettra point de les donner.

§. IV.

De l'Angleterre.

Les Anglais ne peuvent que voir avec peine, au milieu de la guerre, le commerce hollandais fleurir paisiblement, fournir les ports d'Espagne et de France de toutes les munitions navales, exporter les productions et les denrées de ces deux puissances, et favoriser impunément, sous le pavillon neutre, une circulation de bénéfices considérables que le commerce anglais croit lui être dérobés. On voulait avoir les hollandais pour ou contre, les empêcher de s'unir à la neutralité, priver ainsi l'Espagne et la France de ce pavillon bannal qui leur était trop avantageux.

Les Anglais jusqu'ici n'avaient eu dans le

genre des opérations, que de légers succès balancés par les nôtres légers aussi, mais contre-balancés par l'immense butin que l'Angleterre avait retiré de nos expéditions manquées. A force de prendre, ils allaient bientôt épuiser la source. Leurs dernières campagnes leur avaient coûté de grands efforts. Des succès toujours égaux avec la marine française, même inférieure en nombre, les fatiguaient. Une guerre plus commode et plus fructueuse leur était nécessaire. Ils avaient besoin, non pas d'amis stériles ou d'alliés onéreux, mais de bons ennemis bien riches et bien faibles sur-tout. Ils avaient déja pris quelques navires hollandais; mais au lieu de s'arrêter à glaner, ils convoitèrent toute la moisson.

Que risquera le cabinet de Londres à déclarer la guerre à la Hollande ? Celle-ci n'est point en état de se défendre en Europe, encore moins dans ses possessions lointaines. Les cabinets de Versailles et de Madrid voudraient-ils s'unir pour sa défense ? Mais que feront à l'Angleterre quelques ennemis de plus ou de moins ? Elle dira ce que disait *Pitt*, en 1761, dans le conseil privé, lorsqu'il vota la guerre contre l'Espagne : « Nous n'en

» mettrons pas plus grand pot-au-feu, et nous » en ferons meilleure chère (1). »

Mais la banqueroute, s'écriera-t-on, est, pour cette fois, du moins inévitable en Angleterre. — Langage de charlatan ou de bonhomme (2). Voilà des siècles qu'on l'annonce,

(1) Tous les jours à Londres on tient de ces discours d'antropophages à la barbe de toute l'Europe qui met la nappe pour ces messieurs, et qui les regarde manger : Et les vengeurs ne sont pas prêts dans toute l'Europe ! Je demande pardon de la métaphore ; la trivialité ne vaut pas mieux que son vice contraire le néologisme : mais le mot de *Pitt* la voulait, et j'aurai flatté en passant le goût de nos Chrisales qui mettent la bonne chère au-dessus du beau langage. Ceux-là du moins sans savoir lire peuvent acheter des livres. *(Note de l'éditeur.)*

(2) Ce langage est aujourd'hui plus sérieux, plus fondé que jamais. On n'a pas oublié que l'auteur de ce mémoire écrivait en janvier 1781. Or, depuis cette époque, l'état des finances d'Angleterre a bien changé. Suivant le docteur *Price*, la dette anglaise montait, au mois de janvier 1783, à 227 millions sterlings, ou 5 milliards 438 millions de France. Les intérêts de cette dette montaient alors à 3 millions 60 mille liv. st., ou 217 millions 444 mille liv. de France. Mais aujourd'hui, selon notre journal officiel du Moniteur, du 21 brumaire an 9, qui n'a fait que traduire les gazettes anglaises, la dette d'Angleterre est de 510 millions sterlings, ou 12 milliards 240 millions de France. Nos écrivains les plus versés dans la statistique, d'accord avec tous les négocians qui reviennent de Londres, assurent également que le sort de la banque d'Angleterre est désespéré. *(Note de l'Editeur.)*

et elle ne paraît pas encore prête à venir. On dit de chaque nouvel emprunt qu'il sera le dernier : cela n'empêche pas les emprunts de se succéder chaque jour et de se remplir. Les prêteurs savent qu'ils placent au perdu, et ils placent toujours : cela est incroyable, et cela est vrai. Au reste, la banque n'a besoin que d'avoir un courant pour payer quelques intérêts de capitaux impayables; et ce courant ne manque point d'être alimenté par la crainte ou par l'espoir de beaucoup de négocians et de gens riches de tous les pays, notamment par les nababs anglais (1). Voyez, par exemple, M. *Rumbold :* après trois ans de séjour, en qualité de gouverneur, à Madras, depuis 1778, il revient aujourd'hui avec une fortune de quinze millions sterlings. Or, vous pensez que, si un emprunt vient à s'ouvrir demain, M. *Rumbold* n'aura pas de peine à souscrire pour le tiers ou le quart de sa fortune, afin de mieux conserver le reste : il votera pour la cour dans les assemblées prochaines; il fera taire les

(1) C'est le nom qu'on donne aux Anglais qui reviennent de l'Inde avec de grandes richesses. (*Note de l'auteur.*)

accusateurs et les juges qui oseraient examiner sa conduite ; et si la fantaisie lui en prend, il sera pair du royaume.

Ainsi, les dépouilles de l'Asie et de l'Europe soutiennent le crédit de la banque d'Angleterre, en lui fournissant toujours de nouvelles ressources, heureusement, non pas pour elle, mais pour le grand nombre des intéressés qui ne sont pas de chez elle. Combien de gens, hors d'Angleterre, sont forcés de faire des vœux pour son crédit, dont la ruine, au bout du compte, ne lui serait pas aussi préjudiciable à elle-même qu'on l'imagine ! Si les capitaux de sa dette existaient réellement, ou que l'hypothèque n'en fût pas tout-à-fait nulle, le danger de la banqueroute me semblerait un peu plus à craindre. Alors la tentation aurait quelque charme, et je doute que la conscience publique de la nation fût extrêmement effrayée d'un vol qui accommoderait ses affaires (1). L'Anglais en serait quitte

(1) « Un des plus ingénieux écrivains que la Grande-« Bretagne ait produit, estimait, avant la dernière guerre, » qu'une prompte banqueroute des fonds publics était » devenue non-seulement nécessaire, mais juste en Angleterre ». Peyssonnel, *page 72 de ses Vues sur le Pacte de famille. (Note de l'editeur.)*

pour répondre à son ordinaire, qu'*ainsi l'exige l'intérêt de sa propre conservation*. Il nous a fait voir des choses plus incroyables.

Je connais un moyen de réduire l'Angleterre à la banqueroute; mais il exigerait, avec une masse très-forte de numéraire disponible, des agens fidèles, actifs, éprouvés, capables de braver tous les dangers. En attendant cela, les Anglais auront le tems de faire encore beaucoup de mal à leurs ennemis. Qu'on jette soixante mille Français dans Londres (1),

---

(1) Rien n'est impossible aux Français, pas même la descente en Angleterre. On lit dans le mémoire qui vient de paraître, du général *Lloyd*, sur la possibilité d'une invasion de la Grande-Bretagne, qu'en 1795, le colonel *Hanger*, bon patriote anglais, avait déclaré au maire de Londres, que *les Français peuvent debarquer en Angleterre quand ils voudront, où ils voudront et comme ils voudront*. La flotte française qui appareilla de Brest, le 25 frimaire an 5, nous a donné, comme aux Anglais, une preuve indubitable que, sans les vents contraires, le général *Hoche* descendait en Irlande avec ses vingt-cinq mille hommes; et le plus grand succès pouvait couronner cette expédition préparée si à propos avec tant de secret, tant de célérité, malgré la pénurie extrême des moyens. Un ministre bouillant de zèle y suppléa; Mais la flotte ne sortit point assez tôt : à peine sortie, elle fut dispersée par la tempête, avec d'autant plus de facilité, que les généraux étaient sur de trop petits

et les Anglais ne sont plus si redoutables. Cette expédition en vaudra la peine ; sinon l'Angleterre rira de nos vaines imprécations. Les plaintes, les injures, les argumens ne tuent personne. Qu'importe en guerre la considération des motifs bons ou mauvais ! C'est le canon qui décide, et les battus ont toujours tort. La Hollande servira bientôt de nouvel exemple à cette affreuse vérité : l'Angleterre ne craint pas de multiplier ses ennemis quand elle est assurée par-là de multi-

---

bâtimens. Cela n'empêcha pas une partie des vaisseaux de venir mouiller dans la baie de Bantry. La ruine de Carthage est donc possible, au moyen d'une descente qui serait bien dirigée ; elle est encore possible avec le tems, par le système de la neutralité armée ; enfin je la crois non moins certainement possible, avec un moyen tout nouveau que nous pouvons employer sans sortir de chez nous, sans le secours d'autrui, sans fournisseurs. Le voici : N'attendons pas que ce soient les Anglais qui nous apprennent les ressources infinies de notre agriculture et de notre commerce intérieur. Lisons et relisons l'auteur du *Dictionnaire universel de la géographie commerçante*, de ce *Peuchet*, dont le génie patriotique, laissant à d'autres l'esprit des grandes choses dont il préfère le sentiment, recherche et approfondit avec un soin si judicieux tous les détails utiles de la véritable science. Connaissons le prix des hommes, le prix des choses, le prix du tems ; devenons administrateurs, et Carthage est détruite. (*Note de l'éditeur.*)

plier ses richesses. La Hollande aujourd'hui ne sera donc pas riche impunément. Les trésors que l'industrie courageuse et persévérante de ses fidèles armateurs a versés dans son sein, vont bientôt lui être enlevés. On attaquera en dépit des traités le convoi hollandais de l'amiral *Byland*; on jettera les hauts cris sur l'accueil innocent donné à *Paul-Jones*, sur la mission éventuelle de M. *Laurens*, sur les intelligences du Congrès avec le pensionnaire *Van-Berkel*; et du moment que la Hollande osera se plaindre et chercher un appui dans la confédération de la neutralité, c'est alors qu'on préviendra son accession en lui déclarant la guerre subitement. Tel a été le plan du ministère britannique; et c'est ainsi que le 20 décembre 1780, la déclaration ennemie de la cour de Londres a frappé la Hollande comme d'un coup de foudre.

§ V.

De la Hollande.

Le *Morning-Post* du 30 décembre 1780, dit que les Etats-Généraux des Provinces-Unies refusaient d'accéder à la neutralité armée, dans l'espoir d'engager la Russie et la Suède à garantir leurs possessions tant domestiques qu'étrangères. Pendant que ces deux puissances hésitaient et que la Hollande balançait, le ministère britannique trancha tout-à-coup la difficulté par une déclaration de guerre. Il importait de prévenir cette accession qui, une fois formée, n'aurait plus permis à l'Angleterre d'attaquer la Hollande sans s'attirer sur les bras la Russie et la Suède. Les Etats-Généraux accédèrent, mais trop tard; et ce consentement différé fut sans fruit pour la Hollande comme sans mérite.

Le moment de la déclaration des Anglais a été si bien calculé, si heureusement saisi, que le coup est mortel pour les Hollandais, et que le ministère de France est joué s'il ne reçoit promptement, au lieu des protestations que le Nord lui envoie, des services réels et des secours efficaces.

Il est constant que les dominateurs naturels de la Baltique, les propriétaires du sol qui produit le fer, le cuivre, le bois, le chanvre et toutes les munitions navales, sont intéressés, pour en augmenter la vente, à ne pas souffrir que les Anglais viennent seuls en faire le commerce exclusif. Chaque souverain a ses monopoles; mais aucun n'en souffre chez lui d'une puissance étrangère.

Sans doute les puissances du Nord comprennent bien leurs intérêts. Cependant nous avons vu que leur situation respective est très-embarassante.

La Hollande me paraît donc une victime abandonnée, qui ne pourra que se débattre en vain sous les coups de l'Angleterre. Qu'on se figure les prises faites et à faire sur la Hollande par les Anglais, d'après ce qu'on a vu en trois jours seulement, du 30 décembre 1780 au 2 janvier 1781. On lisait à cette époque sur la liste du café *Lloyd* 70 prises dont les nouvelles étaient arrivées d'heure en heure. Ajoutez que la Hollande n'est pas encore prête à se défendre; et le fût-elle, songez à tous les désavantages relatifs de sa marine. Voyez les deux mouillages du Texel qui ne sont que des rades foraines, exposées aux attaques de l'ennemi, le manque de profondeur de ses ports, l'engorgement de ses rivières, la longueur et les difficultés du passage du Pampus et dela navigation du Zuiderzée, l'infériorité provenant de ces causes dans le calibre de ses vaisseaux, la misère de ses matelots retenus prisonniers en Angleterre et dont la perte est si préjudiciable à la république, tout présage la destruction prochaine de ce que les Hollandais ont à la mer ou pourraient y mettre.

Maintenant qu'on a vu combien la position de l'Angleterre est avantageuse, et combien celle des neutres est défavorable ou incertaine, voyons enfin quel peut-être le résultat de cette neutralité par rapport aux belligérans du Midi.

§ VI.

De l'Espagne.

En tems de paix, l'Espagne n'avait sur ses propres côtes que peu ou point de cabotage. C'étaient nos marins des côtes méridionales qui en fesaient la plus grande partie dans la Méditerranée.

Pendant la dernière guerre, les Hollandais avaient hérité de ce cabotage. Ils y avaient, aussi bien que sur l'Océan, une plus grosse part que les neutres; et depuis le commencement de la dernière guerre, quoique gênés et molestés par les Anglais, ils faisaient en Espagne presque tout le commerce.

Mais depuis la déclaration du 20 décembre ils ne se hasardent plus à compromettre leur pavillon dans les attérages de l'Espagne. Voilà donc ce pays privé du débouché le plus certain pour ses exportations, et de la ressource la plus abondante pour ses importations. Rien ne peut remplacer de sitôt les services de la Hollande. L'Espagne doit donc perdre beaucoup par l'absence du pavillon hollandais. Car ce ne sont pas les négocians d'Amsterdam qui font les plus grosses pertes en se laissant capturer par les Anglais. Ces riches cargaisons, prises ou à prendre, sont en grande partie la propriété des Espagnols. Les Hollandais ne se trouvent là que comme des facteurs, des voituriers, des prête-noms. Les banqueroutes accumulées en diront bientôt le secret.

Si l'Espagne en soufre, on sait bien que ce n'est pas sa faute : elle obéit à ses premiers engagemens. C'est la France qui fournit le plus à l'entreprise, et le ministère espagnol en attend les fruits. (1) Obligé de suivre

(1) Ce trait, dans le sens de l'auteur, est à-la-fois une critique de *Vergennes*, et un éloge pour le ministre espagnol, M. *d'Aranda*. L'auteur, d'un bout à l'autre de la minute de son mémoire, m'a semblé fortement prévenu contre les opérations de *Vergennes* dont il n'attendait rien de bon. C'est avec cette persuasion, bien ou mal fondée, qu'il a composé cet écrit sur la neutralité de 1780, dont pourtant les résultats combinés avec ceux de la guerre d'Amérique, n'ont pas été si malheureux que l'auteur le craignait, sans être aussi avantageux qu'on aurait pu l'espérer. (*Notede l'Editeur.*)

notre marche, il nous observe et ne veut perdre avec nous que le moins possible. L'intérêt de l'Espagne dans ce moment n'est donc qu'un accessoire lié à nos intérêts, qu'il est tems enfin que nous discutions; car c'est-là, en dernière analyse, l'objet principal auquel nous devons ramener les conséquences de la neutralité, de cette conjuration si terrible dont l'Angleterre ne se fût pas apperçue peut-être sans le butin considérable qui lui en revient fort-à-propos, et sans le plaisir qu'elle a de voir l'Espagne et la France accroître les difficultés de leur situation par une dépendance nouvelle.

§. VII *et dernier.*

De la France.

On a prétendu écraser l'Angleterre sous le poids de la coalition du Nord. Tout le dommage qui en résulte est pour nous. La France, ne pouvant plus compter sur le pavillon hollandais, se verra bientôt gorgée de marchandises et de productions qui manqueront d'écoulement. Il n'y aura que son numéraire qui s'écoulera en grande partie, pendant que l'autre partie restera en stagnation. Le commerce et l'industrie tomberont en langueur;

delà le découragement de l'agriculture, la diminution du travail ; point de crédit, point de confiance, point de débouchés, point de munitions navales.

La Hollande en paix nous était fort utile ; en guerre elle ne peut que nous être à charge. Le blocus du Texel fera seulement une diversion passive d'une partie des forces anglaises : mais la diversion ne causera pas à l'ennemi le moindre affaiblissement.

Enverrons-nous des forces au Texel ? Mais notre marine est-elle assez nombreuse, et les passages nous sont-ils bien ouverts ? Est-ce par la Manche ou par le Nord de l'Ecosse que nous dirigerons nos secours ? La première voie nous est défavorable, et le malheureux combat de la Hougue a révélé à l'Angleterre nos désavantages physiques dans ce bassin. La seconde voie aussi a ses inconvéniens ; elle est mal connue, peu pratiquée, longue et dangereuse aux pilotes.

Le plus grand inconvénient pour la France est la nécessité d'opter entre ces deux partis épineux, ou de faire volontairement de grands sacrifices pour défendre la Hollande, ou bien de prendre avec elle un engagement pour lui faire rendre à la paix tout ce que l'Angleterre lui aura pris.

Le premier parti est plein d'incertitudes et de dangers. La moitié des individus, dans les Provinces-Unies, fait des vœux pour l'Angleterre, et tout le reste pour la paix. L'ardeur de la vengeance pour les injures passées, n'a duré qu'un moment; il suffisait, pour l'éteindre, de la crainte des pertes futures. Un intérêt plus fort que le ressentiment dominera toujours une nation, qui n'a d'autre existence que son commerce, et qui ne peut plus en sauver les débris que par la paix (1).

Le second parti, l'engagement pour la restitution, serait une bravade insensée. A travers tant de chances incalculables, comment répondre qu'un pareil engagement aura son effet? En prenant sur elle de présumer ainsi des évènemens futurs, la France ne doit-elle pas irriter son ennemi? Cette conduite, plus que téméraire, ne peut que nous attirer de

(1) Les Bataves, si maltraités par les évènemens contraires de la révolution, savent jusqu'où peut aller l'affection libérale et reconnaissante de la République française, pour des Alliés fidèles et malheureux. (*Note de l'éditeur.*)

nouveaux dangers, une défaveur trop sensible, et des entraves peut-être insurmontables dans les négociations. La cour de Saint-James n'est que trop piquée déja d'un engagement semblable, que la cour de Versailles a cru pouvoir prendre avec les Américains (1).

Mais, supposons tout ce qui peut arriver de plus heureux, que la France, à la fin de la guerre, obtiendra le succès, tant de sa garantie en faveur des Etats-Unis, que de son engagement pris avec les Hollandais ; admettons que l'Angleterre sera forcée de rendre tout ce qu'elle aura pris ; elle rendrait donc les pla-

(1) Un Anglais (auteur de l'*Histoire de la fondation des Colonies des anciennes Républiques*) écrivait, en 1778, que le cabinet de Versailles avait mal entendu ses intérêts dans la guerre des Colonies anglaises ; que la France devait rester neutre, ou du moins le paraître, mais que le Français veut agir et se montrer ; que la France pouvait servir en secret les insurgens, prolonger la guerre, donner aux Anglais tout le tems de dévaster leurs colonies et d'en ruiner le commerce. Alors de deux choses l'une : ou la liberté américaine triomphait, et les vainqueurs eussent encore ménagé davantage la protection de la France, ou les Anglais auraient à la fin repris leurs possessions désolées par eux-mêmes à si grands frais avec l'obligation encore très-dispendieuse de les remettre en valeur s'ils le pouvaient. (*Note de l'Editeur.*)

ces, les ports, les comptoirs. Mais la défense personnelle des places, l'argent des comptoirs, les marchandises enlevées des ports et des magasins, les cargaisons pillées sur les vaisseaux, les vaisseaux eux-mêmes anéantis avec leurs équipages, toutes ces pertes, comment les réparer ? Tout ce butin partagé, dispersé, dénaturé, où l'aller chercher ? Où le reprendre ? Ceci me rappelle un mot d'un ancien officier général, qui avait fait les guerres d'Espagne, et qui est mort maréchal de France; il disait qu'il faut toujours prendre, parce que, de prendre à rendre, il y a encore 50 p. $\frac{0}{0}$ de bénéfice (1).

Que si la France refusait de prendre des engagemens aussi onéreux qu'indissolubles avec la république, alors pour appaiser les rumeurs et les cris du commerce désolé, les

---

(1) Etant en Espagne, à Balbastro, pays riche en laines fines, cet officier avait enlevé quelques milliers de moutons, sous le beau prétexte qu'ils étaient miquelets, rebelles à *Philippe V*, et partisans de l'archiduc. Il les fit passer dans ses terres, au pied des Pyrénées. La Cour de Madrid éleva des plaintes, et l'honnête *Cacus* fut obligé de rendre les moutons. Mais comment croyez-vous qu'il les rendit ? Ce ne fut qu'après les avoir bien fait tondre auparavant; de sorte qu'il tira 40,000 l. de la toison. (*Note de l'Auteur.*)

Etats-Généraux ne seront-ils pas forcés à la démarche tant sollicitée déja par la province de Zélande, à la nécessité de demander la paix aux conditions qu'il plairait au cabinet de St.-James de prescrire ? Ces conditions ne se borneraient pas à la satisfaction éclatante que ce cabinet avait exigée d'abord au sujet de la mision interceptée de M. *Laurens*, satisfaction qu'il n'a pas daigné attendre. Il ne s'agirait pas seulement de rompre avec la France et l'Espagne; il faudrait s'armer contre ces deux nations, fournir aux Anglais six mille hommes et vingt vaisseaux de ligne. On dirait encore à la Hollande qui se plaindrait : « Soyez contente; en perdant votre » mobilier, vous sauvez du moins vos immeu- » bles. »

On va crier sans doute à l'opposition, à l'anglomanie. On dira que l'auteur n'est pas un bon Français, parce qu'il semble désespérer de la chose publique (1). Je sais qu'à

(1) Ce ne serait pas après tout désespérer de la patrie, que de désespérer du succès complet de la neutralité armée. On sent que cette expression de l'auteur pouvait avoir trait à quelques inculpations ministérielles que le tems pouvait comporter, mais que j'ai supprimées, parce qu'elles seraient aujourd'hui sans objet. *(Note de l'éditeur.)*

Rome autrefois ce *Varron* bien présomptueux, bien ignorant, bien battu, se trouva complimenté, à son retour de Cannes, pour n'avoir pas désespéré de la patrie. Mais ce ne fut pas *Varron* qui fut choisi pour rétablir les affaires.

J'entends les enthousiastes qui me répondent : de deux choses l'une ; 1°. ou la Russie, la Suède, le Danemarck uniront leurs forces aux puissances du Midi contre l'Angleterre, alors il faudra bien que l'Angleterre succombe, accablée par 200 vaisseaux de ligne ; alors elle paiera cher ses intrigues, ses perfidies, ses atrocités, et la gloire en sera toute pour la France ; 2°. ou bien cette neutralité armée tournera en médiation armée aussi, et forte de 4 à 500,000 hommes pour réduire l'Angleterre à demander la paix.

C'est ce qui arrivera ou n'arrivera pas. En attendant, les Anglais couvrent les mers et les balaient impunément.

Après tout, ces résultats éventuels de la neutralité armée ou de la médiation présumée, je ne les donne pas comme des démonstrations, mais comme des aperçus qui me paraissent résulter de la connaissance réfléchie des intérêts et du système de chaque puissance engagée

engagée ou intéressée dans la querelle présente (1). Il faudrait, pour en juger mieux, connaître le dessous de carte. Mais si des vues profondes, des intrigues adroites, des négociations habilement conduites, des circonstances heureuses autant qu'imprévues, viennent à opérer des changemens secrets et favorables dans les personnes et dans les choses, nous applaudirons de bon cœur à ces changemens salutaires, et nous faisons des vœux pour qu'ils arrivent.

(1) Encore une fois, cela s'applique à un tems qui n'est plus, et nous ne le rappellons ici que pour faire monument d'histoire ou comparaison. *(Note de l'éditeur.)*

DÉCLARATIONS faites par la Russie et le Danemarck, en 1780, touchant le droit maritime des neutres, que ces deux puissances ont résolu de protéger à main armée ;

SUIVIES de la *Convention arrêtée à St.-Pétersbourg, entre le roi de Suède et l'Empereur de toutes les Russies, le 16 décembre 1800, pour le rétablissement de la neutralité armée.*

§. Ier.

Déclaration de la Russie.

« La guerre maritime, survenue depuis quelque-tems entre la Grande-Bretagne d'une part, la France et l'Espagne de l'autre, a commencé récemment à faire également tort au commerce et à la navigation de nos fidèles sujets. Nous n'avons en conséquence pas manqué d'employer, lorsqu'il en a été besoin, pour les protéger et les dédommager de toutes les pertes qui leur avaient été causées, notre intercession la plus efficace, par une suite de laquelle plusieurs négocians ont déjà obtenu à proportion de leurs demandes une indemnité considérable. Cependant, quoique nous ne doutions point que les autres ne soient également dédommagés par les puissances belligérantes, nous ne saurions regarder ces indemnités particulières comme un gage suffisant de la sûreté sur laquelle les nations neutres pourront compter désormais. Par ce motif, nous avons résolu non-seulement de prendre les mesures les plus efficaces pour le maintien du commerce maritime de nos sujets, mais aussi de les mettre à exécution en cas de besoin. Elles ont déjà été notifiées à toute l'Europe, par une déclaration remise dans les mêmes termes, aux trois puissances belligérantes, par laquelle nous fixons expressément et avec exactitude les droits et les prérogatives d'un pavillon commerçant-neutre. Les uns et les autres se fondent, soit sur les propres termes de notre traité de commerce avec la couronne de la Grande-Bretagne, soit sur les principes évidens et inébranlables du droit de la nature et des gens.

» Mais tandis que nous exigeons des autres nations, pour notre propre utilité, l'accomplissement entier et illimité de leurs devoirs, nous ne sommes pas moins d'intention de notre part d'observer invariablement à leur égard les obligations de la neutralité la plus étroite.

» Ainsi il est nécessaire que tous nos sujets se conforment rigoureusement, dans leur commerce maritime et dans les entreprises qui y sont relatives, à notre volonté; à défaut de quoi, ils se rendraient indignes de notre protection et de notre secours. Et afin que personne d'entr'eux ne tombe en contravention par ignorance, nous ordonnons à notre collége de commerce de notifier aux négocians russes commerçant dans nos ports, qu'en jouissant de l'entière liberté de trafiquer et d'envoyer leurs vaisseaux en toutes les parties de l'Europe, ils sont tenus à observer, conformément à nos traités avec diverses puissances et aux ordonnances de chaque endroit, ce qui suit :

» 1. Ils ne pourront prendre aucune part à la guerre, directement ni indirectement, ou sous quelque prétexte que ce soit, et ils ne pourront même donner du secours à aucune des puissances belligérantes, en lui apportant des marchandises de *contrebande* sous pavillon russe; celles-ci consistent nommément en *canons*, *mortiers*, *mousquets*, *pistolets*, *bombes*, *grenades*, *boulets* ou *balles propres à tirer*, *fusils*, *pierres à fusil*, *mèches*, *poudre*, *salpêtre*, *soufre*, *cuirasses*, *piques*, *épées*, *porte-épées*, *gibernes*, *selles et brides*. Ils doivent aussi prendre soigneusement garde qu'il ne se trouve sur chaque bâtiment pas plus de ces munitions de guerre qu'il n'en est besoin pour son propre usage; de sorte cependant que chacun des matelots ou passagers soit suffisamment pourvu.

» 2. Toutes les autres marchandises, quels qu'en soient les propriétaires, et quand même elles appartiendraient aux sujets de l'une ou de l'autre des puissances belligérantes, pourront être librement embarquées sur des bâtimens russes, et jouiront sur leur bord, à l'égal des marchandises de nos sujets, de la protection du pavillon russe, excepté celles qui sont contenues dans l'article 1er. sous le nom de *contrebande*, comme effectivement elles sont déclarées telles dans l'article 11 de notre traité de commerce avec l'Angleterre. Au moyen de cette sûreté des marchandises permises sur des vaisseaux neutres, nos sujets doivent aussi avoir soin de ne pas embarquer des effets qui leur appartiennent, sur des bâtimens des nations engagées dans la guerre, afin d'éviter ainsi tout désagrément et toute rencontre désagréable.

» 3. Tout bâtiment sorti du port de cette ville ou de quelqu'autre de notre empire, aura soin de se munir de preuves suffisantes qu'il appartient à des sujets russes ; savoir, de lettres-de-mer, comme il est d'usage, et d'un certificat de la douane, dans lequel il soit déclaré, 1°. de quelles marchandises il est chargé et de combien ; 2°. pour le compte de qui elles ont été achetées, et à qui elles sont envoyées; 3°. pour quel port et à qui le vaisseau et la cargaison sont adressés. Pour plus de sûreté, les certificats expédiés par la douane seront visés par l'amirauté, ou à son défaut par le magistrat du lieu.

» 4. Non-seulement nos sujets nés jouiront de ces prérogatives, mais aussi les étrangers qui se sont domiciliés sous notre domination, et qui portent comme eux les charges publiques, c'est-à-dire, pendant le tems qu'ils séjourneront dans notre pays, puisque dans tout autre cas il ne leur peut être permis d'employer le pavillon marchand de Russie.

» 5. Chaque bâtiment russe, dans le cas même où un seul propriétaire expédie deux ou trois vaisseaux à-la-fois pour le même endroit, devra être pourvu en particulier des documens mentionnés dans le troisième article, qui puissent servir à justifier de leur propriété, en cas que ces navires se séparent durant le voyage, ou qu'ils soient obligés de suivre des routes différentes.

» 6. Il est défendu à tout bâtiment russe d'avoir des connoissemens, charte-parties, ou autres papiers de mer doubles ou douteux, beaucoup moins des déclarations fausses, d'autant que celles-ci exposent toujours à un danger inévitable. Ainsi l'on fera principalement attention à ce que les documens soient en bon ordre, et prouvent clairement, ainsi qu'il a été dit ci-dessus, la vraie destination du bâtiment et la nature de sa cargaison. Il est aussi nécessaire que le contrat entre le propriétaire des marchandises et le maître du bâtiment, ou la convention connue sous le nom de charte-partie, se trouve toujours à bord. Mais comme il arrive assez souvent que le propriétaire des marchandises, en faisant l'expédition soit sur son propre vaisseau, soit sur quelque bâtiment neutre frété par lui, en fixe la vente uniquement par spéculation au préalable en quelque port, et (au cas que le prix dans ce port soit trop bas) en quelque port plus éloigné; dans ce cas on ne doit pas manquer de nommer et de fixer les deux ports, suivant l'ordre de la route et leur situation, dans un seul et même connoissement et non en deux. L'on doit aussi observer la même précaution à l'égard des charte-parties, afin qu'il ne se trouve point de différence entr'elles et les connoissemens. Et au cas que quelqu'un de nos sujets, au mépris de ces dispositions, se permît de l'artifice et de la duplicité, il peut s'assurer qu'il ne jouira jamais de notre protection, celle-ci ne s'accordant qu'uniquement au commerce licite et innocent, et nullement au trafic illicite et frauduleux.

» 7. Tout bâtiment russe qui, après avoir déposé sa cargaison dans quelque port étranger, a dessein de retourner en son pays ou de se rendre plus loin dans un autre endroit étranger, devra se pourvoir, dans ce port et dans tout autre où il s'est arrêté pour faire le commerce, des documens requis par les usages du pays, afin qu'on puisse constater en tout tems la nation à laquelle le navire appartient, d'où il vient, celui où il va, et les marchandises dont il a de nouveau été chargé.

» 8. Pour autant que les susdits documens sont indispensablement nécessaires pour prouver la propriété neutre des effets qui se trouvent à bord du navire, l'on doit avoir particulièrement soin de ne point les jeter en mer, non plus que toutes autres écritures ou papiers, sans aucune exception ni à quelqu'occasion que ce soit, particulièrement à la rencontre de quelqu'autre vaisseau, d'autant que par cette démarche l'on peut causer contre soi des soupçons fondés, et s'exposer à des suites désagréables.

» 9. L'on doit se garder soigneusement qu'il ne se trouve sur un bâtiment russe un marchand, employé de commerce, ou autre officier, ni plus du tiers des matelots qui soient sujets d'une des puissances belligérantes, puisque, dans le cas contraire, un pareil vaisseau pourrait s'attirer beaucoup de désagrémens. Les vaisseaux qui s'achéteraient en tems de guerre des sujets des puissances belligérantes, s'exposeraient à des inconvéniens pareils. En conséquence, dès-à-présent et aussi long-tems que la présente guerre maritime durera, l'on ne pourra les acheter à d'autre usage que pour naviguer sur la Baltique ou dans la Mer-Noire.

» 10. L'on défend en général d'apporter de quelqu'endroit que ce soit aucune marchandise en des places actuellement bloquées ou assiégées par mer et par terre ; et si quelqu'un de nos marchands se hasarde à un pareil commerce illicite, il n'aura, malgré la perte qu'il pourra faire, pas le moindre droit de recourir à notre protection.

» 11. Tous nos sujets qui se trouvent en pays étrangers pour affaires de commerce, doivent se conformer exactement aux lois locales sur le commerce, qui y sont en usage, ainsi qu'aux ordonnances de l'endroit où ils font leur séjour, ou vers lequel ils envoient leurs vaisseaux; et afin que ces lois et ces ordonnances leur soient connues autant que possible, le département des affaires étrangères communiquera à notre collège de commerce tous les papiers y relatifs, pour les faire connaître à tous les négocians par la voie des gazettes.

» 12. Notre dessein de protéger et de défendre de la manière la plus efficace le commerce et la navigation de nos fidèles sujets, est néanmoins bien éloigné de l'intention qu'il en résulte du dommage pour l'une ou pour l'autre des puissances belligérantes, ou que des négocians particuliers en prennent occasion de faire des gains illicites. En conséquence, nous défendons expressément aux négocians de notre empire de permettre aux étrangers de faire naviguer des vaisseaux ou de commercer sous leur nom. En cas de contravention à notre volonté à cet égard, celui qui s'en sera rendu coupable, perdra le droit de faire le commerce maritime, et de jouir pour cet effet de notre protection impériale.

» Si nos sujets qui font le commerce maritime remplissent avec exactitude toutes ces conditions, ils pourront compter en revanche sur notre protection plénière et illimitée dans leurs affaires en pays étranger, ainsi que sur une intercession soigneuse et zélée du ministre, des agens ou des consuls qui y résident de notre part. A cette fin, notre collége des affaires étrangères les pourvoira à tems des instructions les plus convenables. Ceux de nos sujets au contraire qui n'observeront point ces règles, ne pourront pas former la moindre prétention sur notre protection dans les malheurs et les pertes qui pourraient résulter de ce qu'ils se seraient écartés volontairement de la circonspection nécessaire qu'on leur a recommandée.

» Le collége de commerce en notifiant notre présente ordonnance aux négocians russes qui font le commerce dans les ports, ne manquera point de pourvoir en même-tems les douanes des instructions nécessaires qui y sont relatives, ainsi que d'informer de notre volonté les gouverneurs des gouvernemens où il se trouve des ports, afin qu'elle soit observée uniformément dans tous les tribunaux, pour autant qu'ils y ont aucune relation. »

Donné à Czarsko-Zelo, le $\frac{8}{19}$ *mai* 1780.

Signé, CATHERINE.

§. II.

Déclaration du Danemarck.

« Si la neutralité la plus exacte et la plus parfaite, jointe à un respect inviolable pour les traités, avait pu mettre la liberté du commerce des sujets du roi de Danemarck et de Norwège à l'abri des malheurs qui devraient être inconnus à des nations qui sont en paix, libres et indépendantes, il ne serait point nécessaire de prendre des mesures nouvelles pour leur assurer cette liberté à laquelle elles ont le droit le plus incontestable.

» Le roi de Danemarck a toujours fondé sa gloire et sa grandeur sur l'estime et la confiance des autres peuples. Il s'est fait depuis le commencement de son règne la loi de témoigner à toutes les puissances ses amies, les ménagemens les plus capables de les convaincre de ses sentimens pacifiques et de son désir sincère de contribuer au bonheur général de l'Europe. Ses procédés authentiques en font foi.

» Il ne s'est jusqu'à présent adressé qu'aux puissances belligérantes elles-mêmes pour obtenir le redressement de ses griefs, et il n'a jamais manqué de modération dans ses demandes, ni de reconnaissance lorsqu'elles ont eu le succès qu'elles devaient avoir. Mais la navigation neutre a trop souvent été molestée, et le commerce de ses sujets le plus innocent, trop fréquemment troublé, pour que le Roi ne se croie pas obligé de prendre actuellement des mesures propres à s'assurer à lui-même et à ses Alliés la sureté du commerce et de la navigation, et le maintien des droits indispensables de la liberté et de l'indépendance.

» Si les devoirs de la neutralité sont sacrés; si le droit des gens a aussi ses arrêts avoués par toutes les nations impartiales, établis par la coutume et fondés sur l'équité et la raison, *une nation independante et neutre ne perd point par la guerre d'autrui les droits qu'elle avait avant cette guerre*, puisque la paix existe pour elle avec tous les peuples belligérans, sans recevoir et sans avoir à suivre les lois d'aucun d'eux. Elle est autorisée à faire dans tous les lieux (la contrebande exceptée) le trafic qu'elle aurait droit de faire, si la paix existait dans toute l'Europe comme elle existe pour elle. »

» Le Roi ne prétend rien au-delà de ce que la neutralité lui attribue. Telle est sa règle et celle de son peuple ; et Sa Majesté ne pouvant point avouer le principe que des nations belligérantes sont en droit d'interrompre le commerce de ses États, elle a cru devoir à soi-même et à ses peuples, fidèles observateurs de ses règlemens, et aux puissances en guerre elles-mêmes, de leur exposer les principes suivans qu'elle a toujours eus et qu'elle avouera et soutiendra toujours de concert avec S. M. l'Impératrice de toutes les Russies, dont elle a reconnu les sentimens entièrement conformes aux siens. »

» 1. Que les vaisseaux neutres puissent naviguer librement de port en port et sur les côtes des nations en guerre.

» 2. Que les effets appartenant aux sujets des puissances en guerre soient libres sur les vaisseaux neutres, à l'exception des marchandises de contrebande. »

» 3. Qu'on n'entende sous cette dénomination de contrebande que ce qui est expressément désigné comme tel dans l'article III de son traité de commerce avec la Grande-Bretagne, de l'année 1770, et dans les art. XXVI et XXVII de son traité de commerce avec la France, de l'année 1742. Et le Roi avouera également ce qui s'y trouve fixé à l'égard des puissances avec qui il n'a point de traité.

» 4. Qu'on regarde comme un port bloqué celui dans lequel aucun bâtiment ne peut entrer sans un danger évident, à cause des vaisseaux de guerre stationnés pour former de près le blocus effectif.

« 5. Que ces principes servent de règle dans les procédures, et que justice soit rendue avec promptitude et d'après les documens de mer conformes aux traités et aux usages reçus.

» Sa majesté ne balance point de déclarer qu'elle maintiendra ces principes, ainsi que l'honneur de son pavillon et la liberté et l'indépendance du commerce et de la navigation de ses sujets; et c'est pour cet effet qu'elle a fait armer une partie de sa flotte, quoiqu'elle désire de conserver avec toutes les puisssances en guerre, non-seulement la bonne intelligence, mais même toute l'intimité que la neutralité peut admettre.

» Le roi ne s'ecartera jamais de celle-ci sans y être forcé; il en connaît les devoirs et les obligations; il les respecte autant que ses traités, et ne désire que de les maintenir. Sa Majesté est aussi persuadée que les puissances belligérantes rendront justice à ces motifs; qu'elles seront aussi éloignées qu'elle l'est l'est elle-même de tout ce qui opprime la liberté naturelle des hommes, et qu'elles donneront à leurs amirautés et à leurs officiers des ordres conformes aux principes ci-dessus énoncés, qui tendent évidemment au bonheur et à l'intérêt de l'Europe entière. »

Copenhague, le 8 juillet 1780.

§. III.

Convention des Cours de Stockholm et de St.-Pétersbourg, du 16 décembre 1800, pour le rétablissement d'une neutralité armée.

« La liberté de la navigation et la sûreté du commerce des puissances neutres ayant été compromises avec les principes du droit des nations nécessaires dans la présente guerre maritime, S. M. le roi de Suède, et S. M. l'Empereur de toutes les Russies, guidées par leur amour pour la justice, et par une égale sollicitude pour tout ce qui peut concourir à la prospérité publique dans leurs Etats, ont jugé convenable de donner une nouvelle sanction aux principes de neutralité, qui, indestructibles dans leur essence, ne sollicitent que le concours des gouvernemens intéressés à leur maintien pour les faire respecter. Dans cette vue, S. M. impériale a manifesté, par sa déclaration du 15 août dernier, aux cours du Nord qu'un même intérêt engage à des mesures uniformes, combien il lui tenait à cœur de rétablir dans son inviolabilité le droit commun à tous les peuples de naviguer et commercer librement, et indépendamment des intérêts momentanés des puissances belligérantes. S. M. suédoise partageait les vœux et les sentimens de son auguste Allié, et une heureuse analogie d'intérêts, en cimentant leur confiance réciproque, a déterminé la résolution de rétablir le système de la neutralité armée qui avait été suivi avec tant de succès pendant la dernière guerre d'Amérique, en renouvelant ces maximes bienfesantes dans une nouvelle convention adaptée aux circonstances actuelles.

» Pour cet effet, S. M. le roi de Suède, et S. M. impériale de toutes les Russies, sont convenues, par l'organe de leurs plénipotentiaires respectifs, des articles suivans :

» 1. S. M. le roi de Suède et S. M. l'empereur de toutes les Russies déclarent vouloir tenir la main à la plus rigoureuse exécution des défenses portées contre le commerce de contrebande de leurs sujets avec qui que ce soit des puissances déjà en guerre ou qui pourraient y entrer dans la suite.

» 2. Pour éviter toute équivoque et tout mal entendu sur ce qui doit être qualifié de contrebande, S. M. le roi de Suède et S. M. I. de toutes les Russies déclarent qu'elles ne reconnaissent pour telle que les objets suivans; savoir, *canons*, *mortiers*, *armes à feu*, *pistolets*, *bombes*, *grenades*, *boulets*, *balles*, *fusils*, *pierres à feu*, *mèches*, *poudre*, *salpêtre*, *soufre*, *cuirasses*, *piques*, *épées*, *ceinturons*, *gibernes*, *selles et brides*, en comptant toutefois la quantité qui peut être nécessaire pour la défense du vaisseau et de ceux qui en composent l'équipage, et tous les autres articles quelconques non désignés ici ne seront pas réputés munitions de guerre navale ni sujets à confiscation, et par conséquent passeront librement sans être assujétis à la moindre difficulté. Il est aussi convenu que le présent article ne portera aucun préjudice aux stipulations particulières des traités antérieurs avec les parties belligérantes, par lesquelles des objets de pareil genre seraient réservés, prohibés ou permis.

» 3. Tout ce qui peut être objet de contrebande étant ainsi déterminé, et exclus du commerce des nations neutres, d'après le dispositif de l'article précédent, S. M. le roi de Suède et S. M. impériale de toutes les Russies entendent et veulent que tout autre trafic soit et reste parfaitement libre; Leurs Majestés, pour mettre sous une sauve-garde suffisante les principes généraux du droit naturel, dont la liberté du commerce et de la navigation, de même que les droits des peuples neutres, sont une conséquence directe, ont résolu de ne les point laisser plus long-tems dépendre d'une interprétation arbitraire, suggérée par des intérêts isolés et momentanés. Dans cette vue, elles sont convenues;

» 1°. Que tout vaisseau peut naviguer librement de port en port et sur les côtes des nations en guerre.

» 2°. Que les effets appartenant aux sujets desdites puissances en guerre, soient libres sur les vaisseaux neutres, à l'exception des marchandises de contrebande.

» 3°. Que, pour déterminer ce qui caractérise un port bloqué, on n'accorde cette dénomination qu'à celui où il y a par la disposition de la puissance qui l'attaque avec des vaisseaux arrêtés et suffisamment proches, un danger évident d'entrer, et que tout bâtiment naviguant vers un port bloqué ne pourra être regardé avoir contrevenu à la présente convention, que lorsqu'après avoir été averti par le commandant du blocus de l'état du port, il tâchera d'y pénétrer en employant la force ou la ruse.

» 4°. Que les vaisseaux neutres ne peuvent être arrêtés que sur de justes causes et faits évidens; qu'ils soient jugés sans retard; que la procédure soit toujours uniforme, prompte et légale; et que chaque fois, outre les dédommagemens qu'on accorde à ceux qui ont fait des pertes sans avoir été en contravention, il soit rendu une satisfaction complète pour l'insulte faite au pavillon de Leurs Majestés.

» 5°. Que la déclaration de l'officier commandant le vaisseau ou les vaisseaux de la marine royale ou impériale qui accompagneront le convoi d'un ou de plusieurs bâtimens marchands, que son convoi n'a à bord aucune marchandise de contrebande, doit suffire pour qu'il n'y ait lieu à aucune visite sur son bord, ni à celui des bâtimens de son convoi.

» Pour assurer d'autant mieux à ces principes le respect dû à des stipulations dictées par le désir désintéressé de maintenir les droits imprescriptibles des nations neutres, et donner une nouvelle preuve de leur loyauté et de leur amour pour la justice, les hautes parties contractantes prennent ici l'engagement le plus ferme de renouveller les défenses les plus sévères à leurs capitaines, soit de haut-bord, soit de la marine marchande, de charger, tenir ou recéler à leurs bords aucun des objets qui, aux termes de la présente convention, pourraient être réputés de contrebande, et de tenir respectivement la main à l'exécution des ordres qu'elles feront publier dans leurs amirautés et par-tout où besoin sera ; à l'effet de quoi, l'ordonnance qui renouvellera cette défense, sous les peines les plus graves, sera imprimée à la suite du présent acte, pour qu'il n'en puisse être prétendu cause d'ignorance.

» 4. Pour protéger le commerce commun de leurs sujets, sur le fondement des principes ci-dessus établis, S. M. le roi de Suède et S. M. impériale de toutes les Russies ont jugé à propos d'équiper séparément un nombre de vaisseaux de guerre et de frégates proportionné à ce but; les escadres de chaque puissance ayant à prendre la station, et devant être employées au convoi qu'exigent son commerce et sa navigation, conformément à la nature et à la qualité du trafic de chaque nation.

» 5. Pour prévenir tous les inconvéniens qui peuvent provenir de la mauvaise foi de ceux qui se servent du pavillon d'une nation sans lui appartenir, on convient d'établir pour règle inviolable, qu'un bâtiment quelconque, pour être regardé comme propriété du pays dont il porte le pavillon, doit avoir à son bord le capitaine du vaisseau et la moitié de l'équipage des gens du pays, les papiers et passe-ports en bonne et due forme; mais tout bâtiment qui n'observera point cette règle, et qui contreviendra aux ordonnances publiées à cet effet, et imprimées à la suite de la convention, perdra tous les droits à la protection des puissances contractantes, et le gouvernement auquel il appartiendra, supportera seul les pertes, dommages et désagrémens qui en résulteront.

» 6. Si cependant il arrivait que les vaisseaux marchands de l'une des puissances se trouvassent dans un parage où les vaisseaux de guerre de la même nation ne fussent point stationnés, et où ils ne pourraient pas avoir recours à leurs propres convois, alors le commandant des vaisseaux de guerre de l'autre puissance, s'il en est requis, doit de bonne foi et sincèrement leur prêter les secours dont ils pourraient avoir besoin; et,en tel cas, les vaisseaux de guerre et frégates de l'une des puissances serviront de soutien et d'appui aux vaisseaux marchands de l'autre, bien entendu cependant que les réclamans n'auraient fait aucun commerce illicite ni contraire aux principes de la neutralité.

» 7. Cette convention n'aura point d'effet rétroactif, et par conséquent on ne prendra aucune part aux différens nés avant sa conclusion, à moins qu'il ne soit question d'actes de violence continuée, tendant à fonder un système oppressif pour toutes les nations neutres de l'Europe en général.

» 8. S'il arrivait, malgré tous les soins les plus attentifs des deux puissances, et malgré l'observation de la neutralité la plus parfaite de leur part, que les vaisseaux marchands de S. M. le roi de Suède, ou de S. M. I. de toutes les Russies, fussent insultés, pillés ou pris par les vaisseaux de guerre ou armateurs de l'une ou l'autre des puissances en guerre, alors le ministre de la partie lésée auprès du gouvernement dont les vaisseaux de guerre ou armateurs auront commis de tels attentats, y fera des représentations, réclamera le vaisseau marchand enlevé, et insistera sur les dédommagemens convenables en ne perdant jamais de vue la réparation de l'insulte faite au pavillon. Le ministre de l'autre partie contractante se joindra à lui, et appuiera ses plaintes de la manière la plus énergique et la plus efficace, et ainsi il sera agi d'un commun et parfait accord. Que si l'on refusait de rendre justice sur ses plaintes ou si l'on remettait de la rendre d'un tems à l'autre, alors Leurs Majestés useront de représailles contre la puissance qui la leur refuserait, et elles se concerteront incessamment sur la manière la plus efficace d'effectuer ces justes représailles.

» 9. S'il arrivait que l'une ou l'autre des puissances ou toutes les deux ensemble, à l'occasion ou en haine de la présente convention ou pour quelque cause qui y aurait rapport, fût inquiétée, molestée ou attaquée, il a été également convenu que les deux puissances feront cause commune pour se défendre réciproquement, et pour travailler et agir de concert à se procurer une pleine et entière satisfaction, tant pour l'insulte faite à leur pavillon, que pour les pertes causées à leurs sujets.

» 10. Les principes et les mesures adoptées par le présent acte, seront également applicables à toutes les guerres maritimes dont l'Europe aurait le malheur d'être troublée. Ces stipulations seront en conséquence regardées comme permanentes , et serviront de règles aux puissances contractantes en matière de commerce et de navigation, et toutes les fois qu'il s'agira d'apprécier les droits des nations neutres.

» 11. Le but et l'objet principal de cette convention étant d'assurer la liberté générale du commerce et de la navigation, S. M. le roi de Suède, et S. M. impériale de toutes les Russies conviennent et s'engagent d'avance à consentir que d'autres puissances également neutres y accèdent; qu'en adoptant les principes elles en partagent les obligations ainsi que les avantages (1).

---

(1) Le Danemarck et la Prusse n'ont pas manqué en effe d'accéder à cette convention. *(Note de l'Editeur.)*

» 12. Afin que les puissances en guerre ne puissent prétendre cause d'ignorance des arrangemens pris entre Leursdites Majestés, elles conviennent de porter à la connaissance des parties belligérantes les mesures qu'elles ont prises entr'elles, d'autant moins hostiles qu'elles ne sont au détriment d'aucun autre pays, mais tendent uniquement à la sûreté du commerce et à la navigation de leurs sujets respectifs.

» 13. La présente convention sera ratifiée par les deux parties contractantes, et les ratifications échangées en bonne et due forme, dans l'espace de six semaines, ou plutôt si faire se peut, à compter du jour de la signature. »

Fait à St.-Pétersbourg, le $\frac{4}{16}$ *décembre* 1800.

Signé, pour le roi de Suède GUSTAVE ADOLPHE, son ministre le baron COURT DE STEDING; et pour PAUL Ier. Empereur des Russies, son ministre le comte de ROSTOPSIN.

CONSÉQUENCES des trois actes énonciatifs des principes de la neutralité armée.

C'ÉTAIT un heureux moment pour les amis de la balance politique des nations, que celui où l'on vit en 1780 une femme sur le trône, déclarer, du fond de l'Europe, qu'elle assurerait la liberté du pavillon neutre, et par cela même la liberté des mers, en opposant à la tyrannie anglaise le droit de la nature et des gens, dont le commentaire se trouverait au besoin dans les forces réunies des peuples outragés.

On ne douta point d'abord que ce projet ne tendît à l'utilité générale ; aussi toute l'Europe y applaudit. Le Danemarck et la Suède qui avaient prévenu la Russie par leurs vœux, signalèrent bientôt leur adhésion au manifeste de l'Impératrice. Plusieurs puissances, telles que le Roi de Prusse, l'Empereur, le Roi des Deux-Siciles, approuvèrent par une accession formelle cette courageuse déclaration. Chaque peuple en effet dut croire alors que le tems était venu pour lui de retrouver sa portion d'héritage dans le patrimoine de la mer, ou du moins de pouvoir fréquenter ainsi que tout autre, en liberté, cet immense communal. Ceux qui par violence avaient usurpé les revenus de la propriété commune, et ceux même qu'une louable industrie avait accoutumés à tirer de la mer une existence fortunée, ont dû seuls appréhender de perdre leurs avantages une fois que le systême de la neutralité jouirait de ses prérogatives. En calculant de sens froid, les négocians de Londres et d'Amsterdam auraient vu qu'il leur restait encore une assez bonne part dans l'avenir. Qu'importe : on conçoit que l'Angleterre ait fort mal accueilli la déclaration de la Russie, et que la Hollande y ait accédé le plus tard possible. Quant à la reine de Portugal, pour ne point déplaire au roi *Georges* son maître, elle eut la prudence de ne donner son accession que lors de la signature des préliminaires de paix. La France et l'Espagne n'étaient pas les Etats d'Europe qui devaient gagner le plus à la neutralité. Mais l'Angleterre fut mécontente; elle se crut humiliée dans ses ridicules prétentions; elle fut forcée d'en rabattre et de consentir à la paix en reconnaissant l'indépendance américaine : les cours de Versailles et de Madrid n'en voulaient pas davantage.

Auprès de cette conséquence de fait, il serait peut-être intéressant de placer les conséquences de droit qui semblent appartenir au système de neutralité armée dont la Russie exposa d'abord les principes. Le système fut noble et grand ; il n'avait rien que de salutaire. Mais il devenait respectable au degré le plus éminent, lorsque les cours de Berlin et de Copenhague eurent déclaré, l'une par son accession du 8 mai 1781, l'autre par une déclaration subséquente et pour ainsi dire de la même date, que *la mer Baltique est une mer fermée* où nulle hostilité étrangère ne peut être commise, où nul vaisseau armé des puissances en guerre ne doit être admis.

Les riverains de la Baltique auraient-ils oublié depuis 20 ans une doctrine dont la vérité leur serait si avantageuse ? Lorsqu'ils ont pu s'établir maîtres quelquefois chez les autres ont-ils désapris à se tenir du moins maîtres chez eux ? Que veulent dire ces escadres anglaises qui violent inpudemment le passage du Sund ? Quel est ce canon étranger qui menace leurs côtes ? Par quel effet de la surprise ou de l'erreur ont-ils souffert que l'ennemi soit venu braver, sur leur propre domaine, leurs maximes nationales ? Le systême défensif des neutres ne serait-il plus qu'une belle théorie destinée seulement à figurer dans les livres ? Si le vote additionnel de la clôture de la Baltique n'a point tenu, les autres principes essentiels de la neutralité seront-ils frustrés de même de leurs conséquences légitimes ? Résumons ces principes en attendant que nous puissions nous réjouir du succès ou nous plaindre du défaut de leur application.

En examinant les trois actes qui établissent la neutralité armée, on voit que les principes qu'ils annoncent avec plus ou moins d'énergie, sont à peu de chose près les mêmes. Ils se réduisent à cinq chefs dont les quatre premiers sont communs tant à la double déclaration de l'année 1780, qu'à la convention du 16 décembre 1800. Le cinquième chef, que l'on jugera d'une importance majeure, est particulier à la dernière convention.

1°. *Les neutres ont la liberté de naviguer de port en port et sur les côtes des Etats qui sont en guerre.*

2°. *Le pavillon neutre couvrira la propriété ennemie.*

3°. *La contrebande seule à bord des neutres est défendue, telle que les traités antérieurs l'ont spécifiée.*

4°. *Les neutres ne tenteront d'apporter rien dans aucune place actuellement bloquée ou assiégée ; et la détermination du blocus effectif se tirera du danger évident qu'il y aurait d'entrer, vu la disposition des vaisseaux ennemis stationnés d'assez près pour l'attaque.* La convention du 16 décembre ajoute que *la défense d'entrer ne sera positive qu'ensuite de l'avertissement donné, par le commandant du blocus, de l'état du port bloqué.*

5°. *Plus de visites à bord, du moment qu'un officier de l'Etat protégeant un convoi, aura déclaré que le convoi ne porte pas de contrebande.*

Voilà sûrement des principes dont l'évidence ne permet pas le moindre doute, et qui seraient propres à fonder parmi les peuples un bon code maritime qui n'existe encore nulle part. Quelle est donc cette fureur des belligérans qui traitent les neutres en ennemis, et qui leur disputent l'usage des droits qu'ils tiennent de la nature et de la loi des nations ? Qu'on examine bien la justice et l'importance de ces droits.

Les neutres ont la liberté de naviguer de port en port, etc.

Ce droit n'est qu'une faculté de commerce qui dérive pour les neutres évidemment de leur

leur état de neutres. Car la neutralité est la continuation de l'état pacifique d'un peuple qui, lorsque la guerre est déclarée entre deux ou plusieurs autres peuples, s'abstient de participer en aucune manière à la querelle. Ainsi le peuple neutre, à qui la guerre dont il s'abstient ne saurait enlever le droit qu'il exerçait avant cette guerre, peut continuer dans tous les lieux le même commerce qu'il ferait si la paix existait dans toute l'Europe comme elle existe pour lui.

Supposez tel peuple qui tirerait de son trafic toute son existence, et qui fournirait aux autres habituellement soit des hommes, soit de l'argent, soit des munitions navales. Celui-là ne manque point à la neutralité lorsqu'il trafique durant la guerre comme il eût fait durant la paix, sans aucune préférence de parti, sans refuser à l'un ce qu'il accorde à l'autre, observant avec tous les deux une parfaite égalité de conditions. Il n'y a rien en cela que de juste ; et quand l'ennemi va chez le neutre acheter ses provisions, il ne doit pas trouver mauvais que son adversaire vienne s'approvisionner au même marché. Que si le neutre va chez l'ennemi porter lui-même ses productions, il ne fait encore là que son métier. C'est une chose toute simple que le marchand se rende auprès du consommateur empêché de sortir lui-même, si le marchand ne veut pas mourir de faim à côté de sa marchandise.

« Mais, dira le belligérant, lorsque le neutre fait son métier, je fais aussi le mien. S'il a droit de porter à l'ennemi ses munitions navales, j'ai aussi le droit de les arrêter. Le besoin de ma propre défense m'autorise à priver mon ennemi de tout ce qui peut le mettre en état de me nuire. D'ailleurs où je ne vois pas la neutralité de fait, elle n'existe plus de droit. »

C'est donc avec de pareilles subtilités que l'Angleterre, sans déclaration, transforme à son gré les neutres en ennemis. Toutes les lois qui garantissent la liberté et la propriété des neutres sont sacrifiées au prétendu droit de la guerre qui ne regarde point les peuples en paix. Il est évident que l'Angleterre ne veut, de la neutralité, ni le droit ni le fait; pour ou contre est le vœu de cette puissance. Parcequ'elle est en guerre, il faut que la guerre étende par-tout ses ravages, et qu'il n'y ait plus au monde un commerçant libre, un matelot innocent. Peuples sages et industrieux, vous l'entendez : Si vous guerroyez, vous perdez bientôt sans retour et vos précieux cultivateurs, et vos artistes non moins précieux, et vos trésors modestes, acquis non sans beaucoup de peines; vous êtes ruinés. Si vous évitez soigneusement la guerre, vous n'aurez pas encore évité la ruine qui vous attend. L'Anglais vous trouvant paisible et modéré, vous appliquera la loi des suspects, et vous voilà perdus. On sait que les loups ne se piquent pas d'être grands logiciens avec les agneaux qu'ils rencontrent. Malheur aux neutres s'ils sont apperçus des Anglais qui ne veulent point en souffrir! Je me trompe; malheur bien plutôt à ces tyrans jaloux dont la tyrannie est incompatible avec l'existence du commerce maritime, d'où dépend l'existence des nations qui sont aujourd'hui toutes commerçantes, et, grace à un vainqueur prudent, toutes maritimes! L'Europe entière est donc intéressée au droit des neutres : leur liberté, c'est la liberté commune. Ils se font neutres non-seulement pour ne nuire à personne, mais pour étendre le cours bienfesant de leurs services, et pour ne pas laisser tarir les sources du commerce. Que ceux qui envient les accroissemens de la prospérité des neutres, fassent comme les neutres et renoncent à la guerre. C'est un parti plus juste et plus humain de secourir ses semblables que de les tuer ou de les piller; et si ce parti est lucratif, en ce cas du moins la fortune est sage.

Le pavillon neutre couvrira la propriété ennemie.

Cet article est sujet dans la pratique à mille chicanes, à mille erreurs, à des difficultés sans nombre. Motif de plus pour en faire un droit qui rassure désormais la bonne-foi dans le commerce. L'amirauté anglaise n'admet pas que le pavillon neutre fait la cargaison neutre : jalousie de métier. Le commerce anglais, qui peut aujourd'hui se passer des bons offices du pavillon neutre, entend que l'univers s'en passe de même, afin que toutes les demandes du commerce extérieur ne s'adressent plus qu'à Londres, à Manchester, à Birmingham. Tout neutre, s'il n'est pas le très-humble serviteur de la Grande-Bretagne, est une victime dévouée à son monopole, un concurrent à écraser. Les neutres aussi commerçans, dira l'Anglais! crime abominable! Que ne meurent-ils de faim plutôt que de nous gêner, plutôt que de demander une révolution dans le droit maritime qui nous convient.

-- Maxime du tems ; maxime généreuse et digne de ces grands ministres qui, dans la sincérité de leur ame, déclarent qu'ils sont nés précisément pour la gloire et le bonheur de l'humanité, le repos du monde, la liberté du commerce, et les intérêts.... du ciel ! Car il y a jusqu'en Angleterre de beaux parleurs.

On ne peut se dissimuler que la neutralité du pavillon n'ait favorisé de grands abus : mais où n'y a-t-il pas de l'abus ? Si vous en usez avec le neutre comme avec un ennemi, ne voyez-vous pas qu'il en résultera des abus infiniment plus graves ? Ne craignez-vous pas de soulever toute l'Europe, l'ancien et le nouveau continent ?

La contrebande seule est defendue à bord des neutres, telle que les traités antérieurs l'ont spécifiée.

Admettons cette singulière acception du mot de contrebande qui ne peut en effet représenter qu'une idée correlative entre le législateur et le citoyen d'un même état. Ne remontons pas à des siécles de barbarie pour prouver que les Flibustiers ont introduit ce mot dans les usages de la mer, afin de colorer leur brigandage qui semblait justifié par une fausse application de la loi romaine (1). Qu'est-ce que la contrebande? Une marchandise dont la circulation est défendue ; car je prends le mot dans le sens le plus large, dans le sens des adversaires. Mais pourquoi défendue? J'aimerais autant qu'on défendît aux champs de produire des moissons, et au soleil de les mûrir. Défendue! et comment? — Par les traités, par les publicistes, et par l'usage des nations.

Les traités! Il y aurait avant de s'en prévaloir un petit travail à faire qui serait de les concilier, de les éclaircir, s'il est possible, et de décider lequel, dans une circonstance donnée, pourra servir de règle. On a dit avec raison des traités de l'Angleterre, que *rien de ce qui concerne le droit des autres peuples n'y est défini. Un simple acte du gouvernement, une lettre du roi à ses amiraux, suffisent pour bouleverser en un instant la législation générale de la mer. Le sens même des mots est changé; tantôt tel objet, tantôt tel autre s'appelle contrebande* (2). Que tarde-

---

(1) *Leg.* 2. *Digest. de Publican. Vectig. et Commiss.*

(2) *Etat de la France à la fin de l'an* 8, *page* 158, *Paris*, *an* 9. Henrichs. 1 *vol. in*-8°.

t-on à lacérer ces feuilles inutiles ? Récusons du moins ces témoignages humilians de la faiblesse ou de l'ignorance des nations asservies au monopole britannique. Les Anglais sont les premiers à rire de leurs traités. On ne croirait pas comme ils se débarrassent facilement d'un traité qui les gêne ! Témoin, pour choisir un exemple entre mille, le jugement que leur Amirauté prononça, en décembre 1778, contre le navire hollandais, *la Liberté*, chargé de mâtures. Le traité de 1674, exceptait formellement de la prohibition les bois quelconques sur les navires de la république. Cela n'a pas empêché que cette cargaison ne fût saisie et vendue arbitrairement dans un port d'Angleterre (1).

Les Publicistes ! Ils prouvent l'usage par le droit, et le droit par l'usage ; et l'usage n'est qu'un abus qui ne peut jamais tirer à conséquence. Les publicistes ! *Ils disent*, comme l'écrivait dernièrement un homme d'esprit, *ils disent plus souvent ce qui est que ce qui devrait être. Je les respecte fort, mais je ne crains pas d'affirmer que, sur la question de*

---

(1) Ce jugement nous a été conservé dans l'*Histoire de la dernière guerre*, (par M. Boucher.) Paris, 1787, *Brocas*, 1 vol. *in*-4°. pag. 143.

la neutralité, ils sont parfaitement neutres.

L'usage ! On en connaît la source impure, et l'abus ne prescrit point contre la raison. Or, voilà ce que les Anglais nomment le droit maritime des nations ! Ils sont trop éclairés, trop judicieux pour le croire légitime, quoique les fureurs de la guerre aient soutenu ce misérable aveuglement; quoique des exemples fameux joints au malheur des circonstances aient forcé quelque tems la France elle-même à violer, comme par droit de représailles, des principes qu'elle ne pouvait plus respecter toute seule, sans vouloir la ruine de son commerce et le découragement absolu de ses marins.

Les neutres ne tenteront d'apporter rien dans aucune place actuellement bloquée, etc.

Rien n'était plus nécessaire à la justification des neutres, que de bien déterminer le cas du blocus effectif : il n'y a déjà dans les traités que trop de termes obscurs et vagues, alimens de la mauvaise foi, sujets éternels de chicanes et de guerre. Le cabinet de St.-James connaît cette ressource. On n'a point d'ailleurs oublié le bel argument que fit, en 1778, *ex cathedrâ*, sir *James Marriot,* juge de l'amirauté anglaise, pour condamner plusieurs bâtimens hollandais qui se rendaient à Rochefort. *Tout navire*, disait-il, *faisant voile vers des ports bloqués, est confiscable : or, les ports de France, en vertu de leur position naturelle, sont bloqués par ceux d'Angleterre ; donc, etc.* Cette logique admirable n'est pas à la portée de tout le monde. Il en fallait une plus familière dans l'usage habituel du commerce ; et les neutres y ont pourvu très-sagement.

Plus de visites à bord, du moment qu'un officier de l'état, etc.

Cette proscription de la visite à bord des neutres, est le plus grand pas qu'on ait fait jusqu'ici vers la réforme indispensable des abus de la mer. — Les belligérans ont droit de s'opposer à toute infraction de la neutralité : or, ils ne peuvent exercer ce droit que par la visite, tellement que, sans la visite, ce droit devient nul, et la neutralité n'est plus qu'une chimère. — A la bonne heure, qu'on veille sur le devoir des neutres. Mais qui veillera sur le devoir des belligérans ? Car si les neutres sont seuls obligés, il s'ensuivrait qu'ils ne sont point du tout obligés. Leurs droits apparemment compensent leurs devoirs ; et cette grande obligation de la visite est sans doute réciproque? — Non pas, disent les Anglais; nous la voulons bien pour les autres, mais pour nous ce serait un affront insupportable. — Réponse péremptoire : — La visite n'est donc qu'un acte arbitraire, un abus de la force, une violence. Quoique l'Angleterre ait extorqué plus d'un traité infâme, aucun traité n'exige formellement ces visites, ces odieuses visites qui amènent toujours avec elles l'insulte, accompagnée du dommage. En effet, la visite la plus modérée ne peut être qu'une occasion de désordre ; c'est ce qui fut répondu par la France à *Elisabeth*, lorsque celle-ci demandait, après la paix de Vervins, la faculté de faire visiter les vaisseaux français qui allaient en Espagne ; et *Vatel*, tout complaisant qu'il est, ne craint pas de mentionner ce fait.

Je pense bien que sans la visite il sera difficile de saisir par-tout la contrebande. Mais, encore une fois, de quel droit le belligérant vient-il à bord d'un vaisseau neutre et pacifique interroger, tourmenter, piller des étrangers qui n'ont que faire à lui? — L'exclusion de la contrebande est stipulée par les traités, et delà résulte implicitement le droit de visite. — Eh! comptez-vous pour rien la parole d'un brave, accrédité par son souverain, et qui vous crie : *je ne suis pas un contre-bandier?* Vous en revenez toujours à vos traités, comme si vous ne saviez pas ce qu'ils valent. Ces traités nous ramènent aux siècles de barbarie. Faut-il que la barbarie nous dicte encore ses lois absurdes, et fasse taire les sages et bienfesantes maximes qui se sont fait entendre du fond de la Baltique, et auxquelles tous les rivages d'Europe ont applaudi ?

Le droit de la nature et des gens ne sera donc jamais écouté en Europe, tant que les Anglais domineront sur les mers. Les Neutres coalisés ont eu le courage de marquer des bornes à cette domination funeste. Puissent-ils achever ce qu'ils ont commencé ! La science trop incertaine du droit public leur doit déja beaucoup ; il leur appartient de la fixer pour les usages de la mer : tous les germes de cette heureuse réformation se trouvent dans leurs actes immortels. Ils n'ont besoin que de faire triompher ces actes à leur bord, et le tems des Flibustiers sera passé. La force, qui ne veut point de règles, si ce n'est pour les autres, ou lorsqu'elle ne peut jouir qu'à ce prix de quelques instans de sommeil, la force, à son tour, obéira ; la mer enfin connaîtra des lois; et le commerce, institnteur et pacificateur des nâtions ; le commerce rendu à sa liberté, inventera tous les moyens de diminuer les maux de la guerre, d'en réparer les désastres, et de rattacher les peuples entr'eux par des liens plus chers à la prospérité générale.

FIN.

De l'imprimerie d'Ant. BAILLEUL,
rue Grange-Batelière, n°. 3.

www.ingramcontent.com/pod-product-compliance
Ingram Content Group UK Ltd.
Pitfield, Milton Keynes, MK11 3LW, UK
UKHW021112260726
13994UKWH00002B/857